PHP
Business Shinsho

メタ思考トレーニング

発想力が飛躍的にアップする34問

Isao Hosoya
細谷　功

PHPビジネス新書

はじめに

本書のテーマは「メタ思考」です。

メタという言葉はあまり馴染《なじ》みのない言葉かもしれません。文字通りの意味は、あるものを一つ上の視点から客観的に見てみるということです。

例えば「もう一人の自分の視点で自分を客観視してみる」ことが重要だと言われることがあります。このように自分自身を「幽体離脱して上から見る」ことは「メタ認知」と呼ばれ、視野を広げて自分を客観視するために必須の姿勢であると言われています（そのイメージを、次ページに図で示します）。

要は、様々な物事を「一つ上の視点から」考えてみることが重要だ、というのが本書で伝えたいメッセージです。ではなぜ「一つ上のレベルから考える」というメタ思考が必要なのでしょうか？　それには大きく三つの意味があります。

図1　メタ認知と気づきのイメージ

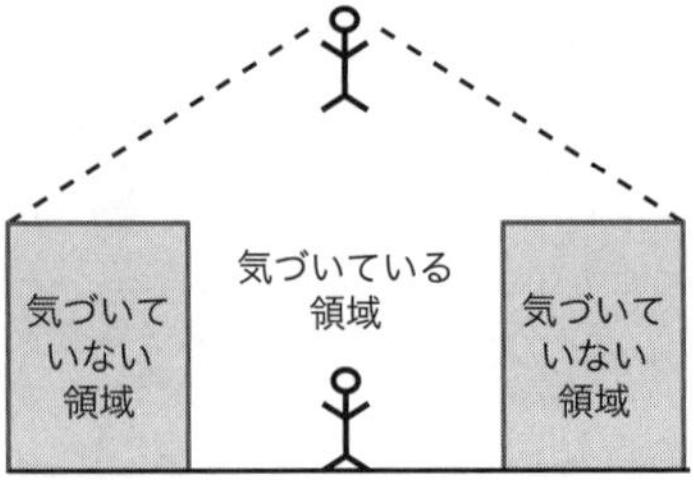

一つ目は、私たちが成長するための「気づき」を得られることです。

特に知的な成長において、「気づき」の重要性はいくら強調しても強調しすぎることはありません。まずは自分がいかに知らないいか、自分がいかに気づいていないかを認識することが、知的な成長のための第一歩です。逆に言えば、気づいていない人にはいくら教育しようが何百回言って聞かせようが、それらはすべて「時間の無駄」です。

子供の世界でも、「何がわからないかわかっている」子供たちは学習の成長が早いと言われています。まさに「気づき」＝メタの視点を持つことが、成長していくための重要な鍵なのです。

続いて二つ目は、「思い込みや思考の癖から脱する」ことにあります。

まず「思い込み」とは、「自分（の考え方）が正しくて当たり前だ」と、露《つゆ》ほども疑っていない状態のことです。一つ目の気づきにもつながることですが、自らの視野を広げ、成長するためには、「自分は間違っているかもしれない」と常に自分自身の価値観を疑ってみることが重要です。

一方、「思考の癖」というのは、私たちが無意識に持っている「視野の狭さ」、あるいは思考の盲点と言ってもよいかと思います。高みから自分を客観的に眺めることによって、その視野の狭さを自覚することができます。「視野の狭さ」の最大の落とし穴は、視野の狭さに気づいていないことだからです。

そして最後の三つ目は、上記二つで得られた気づきや発想の広がりを基にした創造的な発想ができる、ということです。

本書では、「なぜ？」という問いかけによってメタの視点に上がって新しい方法を考え出すやり方と、抽象化という手段でメタの視点に上がり、「遠くの世界から借りてく

図2　メタ認知ができていないイメージ

る」ことで斬新なアイデアを生み出すアナロジー思考について取り上げます。特に、ビジネスの視点でメタ思考をどのように扱うかについて一緒に考えてみたいと思います。

逆に、このような「メタ思考」を最も苦手とする人は以下のような人たちです（メタ認知ができていない状況のイメージを図２に示します）。

・感情にまかせて行動する人
・思い込みが激しい（ことに気づいていない）人
・常に具体的でわかりやすいものを求める人
・（根拠のない）自信満々の人
・他人の話を聞かずに一方的に話す人

・「自分（の置かれた環境）は特別だ」という意識が強い人

……

このような人たちは先述のメタ認知ができていない状態ということになります。ところが、往々にしてこのタイプの人たちは行動力があり、それなりの実績を上げて地位の高い人も多く、そうなるとさらにこれらの傾向に拍車がかかってきます。その状態に入ったらもはやメタの視点で考えるのはほぼ不可能と言えます。

残念ながら、間違ってもこの種の人たちが本書を読むことはありません。「気づかない」ことが最大の問題である以上、その手の気づいていない人たちは、自分の視野の狭さに気づくことはないのです。

逆に言えば、本書を手に取っている時点で、読者の皆さんは気づいた人たち、あるいは自分が「気づいていないことに気づいた」人だということになります。一度その構図に気づいてさえしまえば、あとは「どうやってやるか」の問題です。

本書はそういうニーズに応えようとするものです。思い込みや視野の狭さから脱して、意味のない常識や慣習、前例にとらわれることなく、自由に、あるべき姿や理想の社会を実現するための方策を考えたい人に本書をおくります。

本書ではメタ思考をトレーニングするために演習問題を多数用意しています。例えば、

●上司から「ドローンについて調べて報告して」と言われたら、次に取るべきアクションは何か?

●お寿司以外の「回転○○」を考えよ

●「昔ながらの喫茶店」の競合はどこか?

●「信号機」と「特急の停車駅」の共通点は?

●「経理業務」と「スポーツ審判」の仕事上の共通点は?

●「コピー機」と「エレベーター」の共通点は?

●「タクシー」と「土産物屋」の共通点は?

といったような問題です。

こうした問題を解き、自分の頭で考えていくことで、メタ思考を実践レベルにまで落としていくことを目標としています。ですので、ぜひ自分で問題の答えを考えながら読み、その後に解説を読んで自らの考え方と比較した上で、応用問題でさらにその考え方を定着させてもらいたいと思います。

読者の皆さんには、「無知の無知」による思考停止に陥る前に一歩立ち止まって「一つ上から見てみる」ことで、新しい発想や成長の機会を増やしていただきたいと思います。そのために本書では大きく三つのトレーニングツールを提供します。

まず一つ目は、思考停止から脱して幽体離脱するためのきっかけとして、思考停止度のチェックをし、それから、「メタのレベルに上がる」というイメージをつかんでもらいます。

続いて二つ目は、メタに上がるための身近な合言葉としての「なぜ？」を、日常生活でどのように活用すれば能動的に発想を膨らませられるか、その方法論を演習問題とともに提示します。

最後に三つ目のポイントとして、より創造的な発想を生み出すためのアナロジー思考の演習問題を考えてもらうことで、創造的な発想が単に直感のすぐれた人だけのものではなく、誰にでもある程度は再現可能なものであるイメージをつかんでもらいます。

本書の演習問題のほとんどは、唯一絶対の「正解」があるタイプのものではありません。解説ではその「考え方」を示しますので、ぜひ皆さんは本書の解答例を上回る解答がないかも併せて考えてみてください。頭が完全にすっきりせず、モヤモヤがいつまでも残るかもしれませんが、それがまさに「考える」ということです。

こうしたトレーニングにより、読者の皆さんがこれまでと違った世界の見方をするイメージをつかみ、日々の生活で実践していただければ、本書の目的は達せられたことになるでしょう。

メタ思考トレーニング　目次

第二章　Ｗｈｙ型思考のトレーニング

第三章 アナロジー思考のトレーニング

第四章　ビジネスアナロジーのトレーニング

第一章

ウォームアップ編

メタ思考とは、自らの視点を一つ上げて、自らが思考に関してある壁に閉じ込められた「とらわれの身」になっていることに気づくことです。

そのために本章では、まず自らの思考の偏りや視点の低さをチェックし、自らをもう一つ高い視点（メタの視点）で見ることから始めてみましょう。

「自分勝手さ」を思い知ろう

まずセルフチェックすることとは、自らの思考の偏りや癖です。

人はみな、事実をありのままに見ているようで、無意識のうちに自己中心的なバイアスをかけてしまっているのです。メタ思考によってこのような偏りに気づき、それらをリセットすることで創造的に考えることができるようになります。まずは私たちが持っている「心の色眼鏡」（バイアス）をチェックしてみましょう。

一番重要なのは、このような「思考の癖」というのは「自覚がない」ことが最大の問題だ、ということです。

したがってここでは、特にビジネスの現場で頻繁に見聞きされる事象の中で、おそらく当人はその「思考の癖」に気づいていないのではないかというポイントを確認していきましょう。

思考の偏り、あるいはバイアスの最たるものが自己中心の視点です。私たちはみなすべて自分中心にしか物事を考えることができません。

これが「色眼鏡」の最たるものです。おそらく自覚しているよりも何（百）倍も自己中心的、あるいは自分が他人を見ている視点と自分自身を見る視点とでは異なってしまっている（ことに気づいていない）と考えるぐらいでちょうどよいと言えます。

例えば、以下の項目に思い当たるものはないでしょうか？

・「貸した金」はいつまでも覚えているが、「借りた金」はすぐ忘れる（「金」を「恩」に変えても同じ）
・「いまの若い人」は頼りなく見える
・「自分だけが損をしている」「あの人だけが得をしている」とよく思う

・他人のことは安易に一般化するが、自分は特殊だと思う
・他人の失敗は「実力がないから当然だ」と思うが、自分の失敗は「運が悪かった」と思う
・他人に対しては「一部分だけを見て正論を吐くな」と思うのに、自分は一部分しか見ない（ことに気づいていない）で他人に正論を吐く
・「上司の短所」はいくらでもあげられるが、自分は「良い上司」だと思っている
……といったことが、自分にも周囲の人にも一つや二つ必ず当てはまるでしょう。

メタの視点に上がるとは、自分の特殊性を排除して、自らを客観視するところから始まります。

他にもこのように他人に対してと自分に対しての姿勢が違っているものやことを、
①周りの人に関して
②自分に関して

考えてみましょう（おそらく①はすぐたくさん出てくるのに、②はあまり思いつかないでしょう。その状態そのものが、「自己中心的である」ことのあらわれです）。

「自己矛盾」を探してみよう

「自分勝手さ」の最たるものが、発言や行動における「自己矛盾」と言えます。このような自己矛盾というのは、一つの事象を「メタ」の視点で見ることができてはじめて気づくことができます。逆に言うと、本書で扱うメタ思考の得意な人は間違いなくこのような自己矛盾への意識が高いのです。

ほとんどの人は多かれ少なかれ「言っていること」と「やっていること」は違います。この場合、主に「言っていること」というのは「自分が見ている世界」のことで、「やっていること」というのは「他人から見えている世界」のことです。つまり、自分が見えている世界と他人が見えている世界は通常大きく異なっているのです。

「自分自身を『離れた上から』見ている人」ほどこの差が小さくなるはずなのですが、

実際にはほとんどの人は「自分」という世界にどっぷりつかった状態で自分自身を見ているので、自分のことはよく見えていないのです。

このような背景もあって、人間は自己矛盾の塊《かたまり》です。ここに気づくことからメタで考えることが始まります。

自己矛盾とは例えば……

・「批判する人って生産的じゃないよね」という批判
・「他人の悪口をネットで言っているやつは許せない」というネットの悪口
・「代案を出さずに反対するのはやめろ！」という反対意見
・「人の話を聞くのが大事だ！」という一方的な押し付け
・「マニュアル通りにやるな！」というマニュアル
・「私にはポリシーがありません！」というポリシー
・「抽象化・一般化なんて無意味だ」という一般化
・「人の言うことは鵜呑《うの》みにするな！」というアドバイス

・「傾聴力が大事だ」という一方的講演
・「うちの部下はできないのを他人のせいにするんだよ」という上司

特にこれらの中で、年配者によく聞かれる「近頃の若いものは不甲斐ない」という類の言葉は、「非メタ思考の権化《ごんげ》」とでも呼べる発言です。本書のテーマであるメタ思考ができている人のちょうど対極にあるのが、この言葉を連発する人と言えます。

なぜこのような発言が「自分を客観視できていない」のか、それは以下のような観点からで、この発言はメタ思考できていない（思い込みが強く気づいていない）ことのオンパレードなのです。

・自分の若いときのことは棚にあげている
・その構図はいつの時代でも一緒なのに、「今の」と自分たちの時代だけ特殊視している
・そういう若い世代を作ったのは自分たちの世代だということに気づいていない

これらの発言は根本的に何が問題かというと、このような現象が起こっていること自体に自分自身が気づいていないことなのです。

他にもこのような「自己矛盾」がないか、
・自分の周りの人で
・自分自身で
探してみましょう。

「メタ視点」の応用トレーニング

メタのレベルで考えるというのは、先の自己矛盾の項目で解説したように、「一つ上の視点から見ると矛盾が見えてくる」ことになります。このイメージをさらに強化するための演習問題を考えてみましょう。

【演習問題】

「顧客の気持ちになれない職業」とは？


【解説】

子供のときにこんな小話がありました。小学生の友達同士の会話です。

「僕、船乗りになりたいんだけど泳げないいんだよなあ……」

「心配ないよ。僕のお父さん、パイロットだけど空飛べないから」

この話もある側面で、「自己矛盾」の構造をうまくついたものとなっています。

これとは少し方向性は変わりますが、世の中には、「構造的にどうしてもお客の立場にはなれない（その経験ができない）職業」というのがあります。

例えば、
・男性の産婦人科医
・凶悪犯担当の弁護士
といったものです。

【応用問題】
その他に「相手の立場に（構造的に）なれない職業」を探してみてください。
（先述したように、病気や犯罪を対象とする職業の人にはこのような構図が当てはまる可能性があります）

「無知の知」を実践しよう

ソクラテスは古代ギリシャの時代に「無知の知」という概念を唱えたと言われています。「無知の知」を実践するのは非常に難しいと言えます。気づきの難しさと同様に、「気づいていない人」の最大の問題点は、「気づいていないことに気づいていない」という「無知の無知」状態だからです。

一つ言えることは、「無知の無知」から脱するのは他人の力では絶対に無理だということです。ただし本書を読んでいる皆さんにはその心配はありません。「無知の無知」の人はまず本を読みません。そもそも本を読む人には知的好奇心があります。知的好奇心とは、未知のものへの探究心です。

ここでは第一ステップをクリアした（実は一番ここが大変なのですが）皆さんへの次のステップを、演習を使って解説していきましょう。

無知の知を実践するための一つの方法は、何か理解できないことや自分の価値観と反する事象に遭遇《そうぐう》した際には、「相手がおかしい」と思うのではなく「何か自分の理解できない世界がある」と思ってみることです。別の言い方をすると、「相手を変えようとする」か「自分を変えようとする」かの違いとも言えます。

当然、「無知の無知」を意識している人というのは、こういう場面で自分の無知の部分に気づくきっかけを得るのです。

【演習問題】

身の回りで「理解できない価値観」の人や事象に出会った経験を思い出し、それを否定するのではなく、どのようにしたら理解できるのか、あるいはそこから新しいアイデアが生まれないかを考えてみましょう。

（「世代間ギャップ」や「異文化ギャップ」がわかりやすい例です）

【解説】

例えば、最近よく聞く話で「病欠などの業務連絡をＬＩＮＥでしてくる」というものがあります。これなどは世代間ギャップの最たるものでしょう。おそらく「非常識だ」と怒っている上司に対してＬＩＮＥ世代の部下は「何が悪いのかわからない」という構図になるのではないでしょうか。

ただこれもよく考えてみれば、電話↓メールという仕事におけるコミュニケーションの「世代交代時」にも同様のことがありました。メールが出始めの頃は枕詞に「メールにて失礼致します」が不可欠でしたが、もはやこの言葉もほとんど使われませんし、むしろ「連絡は電話ではしないでほしい」という人も多く出始めています。

さらにさかのぼれば、対面訪問↓電話連絡のときにも同じようなことが起こっていました。

このように「手間がかかる昔ながらの方法＝フォーマルで丁寧」vs.「効率的な新しい方法＝インフォーマルで失礼」という構図は、昔から繰り返されてきているのです。

新しい価値観というのは、自分の凝り固まった思考に気づくための一つの有効な手段となりえます。このようなわかりやすい事例をきっかけとして、その他の世代間の価値観のギャップに関しても、「わかっていないのは自分のほうかもしれない」という気づきへとつなげてみてはどうでしょうか。

【応用問題】

「世代間ギャップ」や「文化間ギャップ」のような異なる価値観の人の「理解できない行動」を理解する上で、自分の常識のほうを疑ってみたほうがよいことがほかにもないでしょうか。職場や身の回りで最近感じたなんらかのギャップを思い出しながら考えてみましょう。

メタのレベルで考えるとは？

ここで、なんとなくわかったような、わからないような「メタのレベルで考える」ということを様々な側面からとらえてみます。

「メタのレベルで考える」という言葉自体が抽象度の高い、いわばメタのレベルで表現されているので、これを少し具体化してみようということです。

メタのレベルで考えることを具体化したイメージを次ページの図3に示します。

自分を客観視する、「無知の知」を認識する、あるいはメタという言葉自体の定義でもある「○○そのもの」を考えるといった方法については、本章で簡単に解説してきました。これらはいわば思考回路を起動するため、あるいは視野狭窄《きょうさく》による思い込みを脱して思考停止の状態を抜け出すための準備段階でした。ここまでがいわばメタ思考に上がるための準備編、あるいは「そもそもの心構え」といったところです。

次からは、メタ思考をさらに創造的に用いて視野を広げ、前向きかつ独創的なアイデアを生み出すための方法を紹介していきます。

メタ思考のための二つの方法

図3であと残っているのが「上位目的を考える」と「抽象化する」の二つの視点で

図3　「メタのレベルで考える」とは？

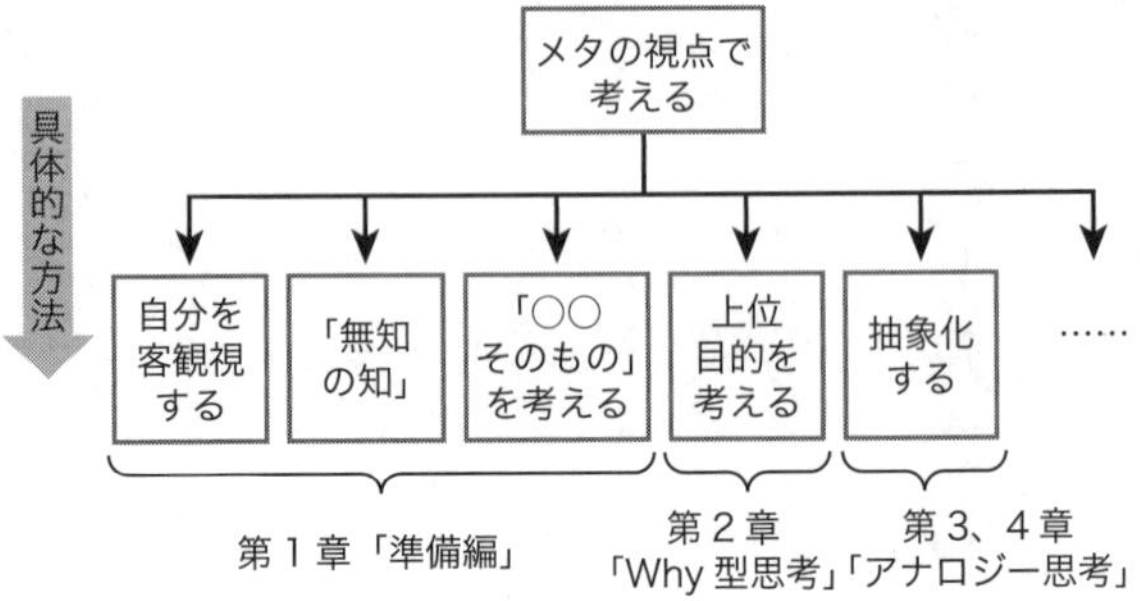

す。これらによって能動的かつ創造的なアイデアの創出が可能になります。

そこで次章からは、メタのレベルに上がるための方法論、およびその応用として、「なぜ？」を用いる「Ｗｈｙ型思考」と、抽象化によってメタのレベルに上がることで遠くのものをつなげて新しい発想を生み出す「アナロジー思考」の二つをご紹介します。

はじめにでも記した通り、本書は問題を解いていくことでこれらの思考方法を実践レベルにまで落とし込んでいくことを目標としていますので、ぜひ自分で問題の答えを考えながら読み、その後に解説を読んで自らの考え方と比較した上で、応用問題でさらにその考え方を定着させてください。

第二章

Ｗｈｙ型思考のトレーニング

「なぜ?」だけが特別な理由

一つ目のメタ思考のトレーニングとして、本章では「なぜ?」という言葉を取り上げます。ある意味では言い古されているこの言葉ですが、「考えることを考える」という、まさにメタ思考のためには「基本中の基本」とも言える言葉です。

あまりに当たり前とも言えるこの言葉なのですが、私たちの周りを見てみると、まったく使っていない人もほとんどいない代わりに、きっちり使いこなしている人もほとんどいないというのがこの言葉の特徴です。

逆に言えば、基本動作としては誰でもある程度は使えるので、いかにこれをきっちりと「骨までしゃぶれる」か、あるいは日常生活の中で常に意識できるかが重要なのです。

基本編

まずは、皆さんの思考回路（の癖）を確認するところから始めましょう。

【演習問題】
皆さんは（上司やお客様から）「ドローンについて調べて報告して」と言われました。次に取るべきアクションを一分間でなるべく多くあげてください（目安：十項目）。

例：
・インターネットで検索する
・（社内でよく知ってそうな）○○さんに聞いてみる
・関連書籍を買う

【解説】

さて、どのようなアクションがあがったでしょうか？

以下のチェックポイントにしたがって、皆さんの思考の癖を確認してください。

まず一つ目のチェックポイントですが、皆さんがあげたアクションを大きく二つに大別してみてください。

一つは、

①「ドローンについて調べる」というその依頼事項を実行することを前提として、それをどうやって「具体的に」「実行するか」に関してのアクションです。例えば、

・アメリカの導入事例をネットで調べる
・海外の入門書の電子書籍を読む
・試しに安いドローンを自分で購入してみる

といったことです。

そしてもう一つは、

②「なぜドローンについて調べる必要があるのか?」と問題そのものに一度疑問を呈して、依頼のそもそもの目的を確認するためのアクションです。例えば、

・「その調査結果を何に使うのか」を依頼主に確認してみる
・調査目的が何かの仮説を立てる

といったことです。

多くのアクションは①のタイプだったと想像しますが、中には②の方向性で「そもそもの目的を確認する」といったアクションをあげた人もいるかもしれません。

これは皆さんの思考回路が、具体性、実行重視のＨｏｗ志向か、目的重視のＷｈｙ志向かのチェックです。もちろん本書でいうメタ思考に近いのはＷｈｙ志向のほうです。

このように、問題解決におけるメタ思考とは、いきなり問題を解き始めるのではなく、まず「問題そのものについて」考えることを意味するのです。問題そのものを上か

ら見てみるというイメージがわかりやすいでしょうか（図4）。

要するに、与えられた問題を疑わずに「それありき」と考えてアクションを起こし始めるか、「そもそもこの問題でよいのか？」と疑ってかかるかの違いということです。

図4で示したように、メタの視点が持てないと、問題そのものの世界にどっぷりつかってしまい、あたかもそれが世界のすべてであるかのような錯覚をしてしまいます。つまり、「問題の外側」があることや、「他にもやるべき問題がある」ことなどにはまったく気づきもしないのです。

図4　問題に対する視点の違い

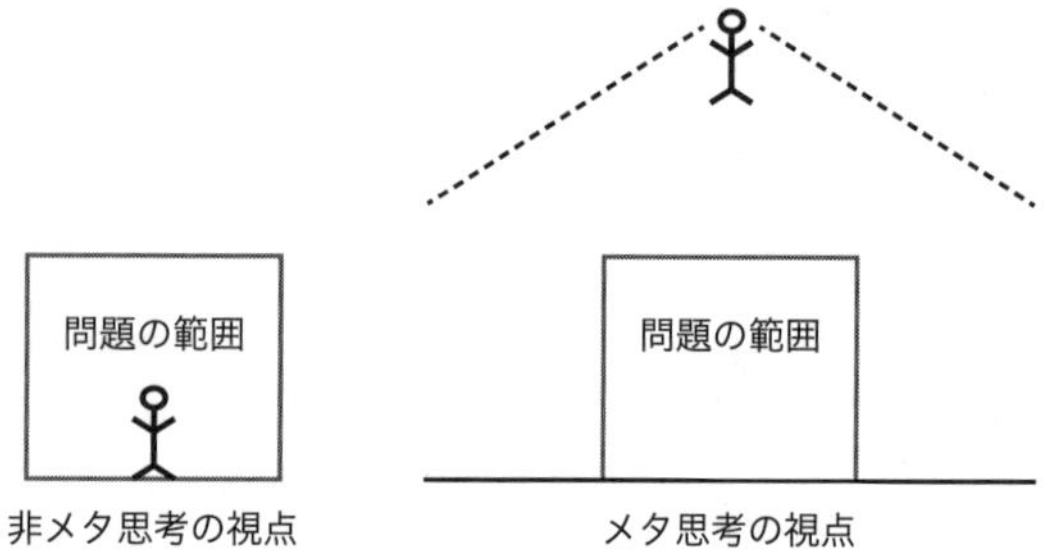

図5　上位目的を考えると別の手段を思いつく

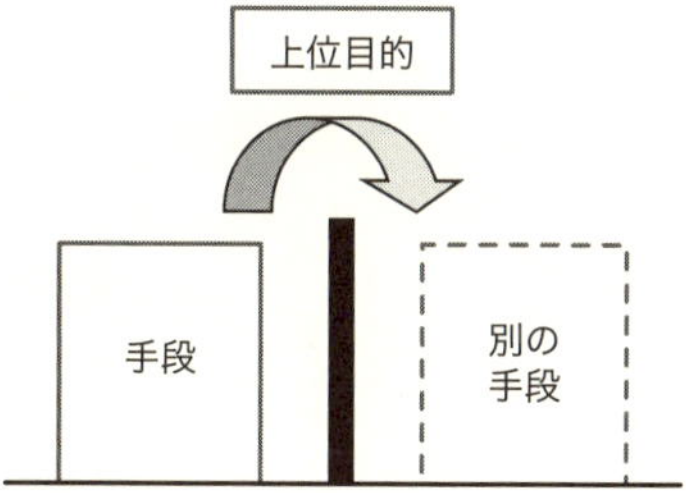

「上位目的」に上がるとは？

　ここでメタの視点に上がるとはどういうことかを説明します。メタの視点という言葉自体抽象度が高いのですが、そのうちの一つの側面が先の図3で示したように「上位目的を考える」ということです。このイメージを図5に示します。

　要は一度「上に上がって」上位目的を考えることで別の手段が出てくるということです。

　これを模式的に表現したのが次ページの図6です。

　ここでは依頼主からの依頼や与えられた問題をＷｈａｔと表現しています。

図6 「Why?」と他の疑問詞の違い

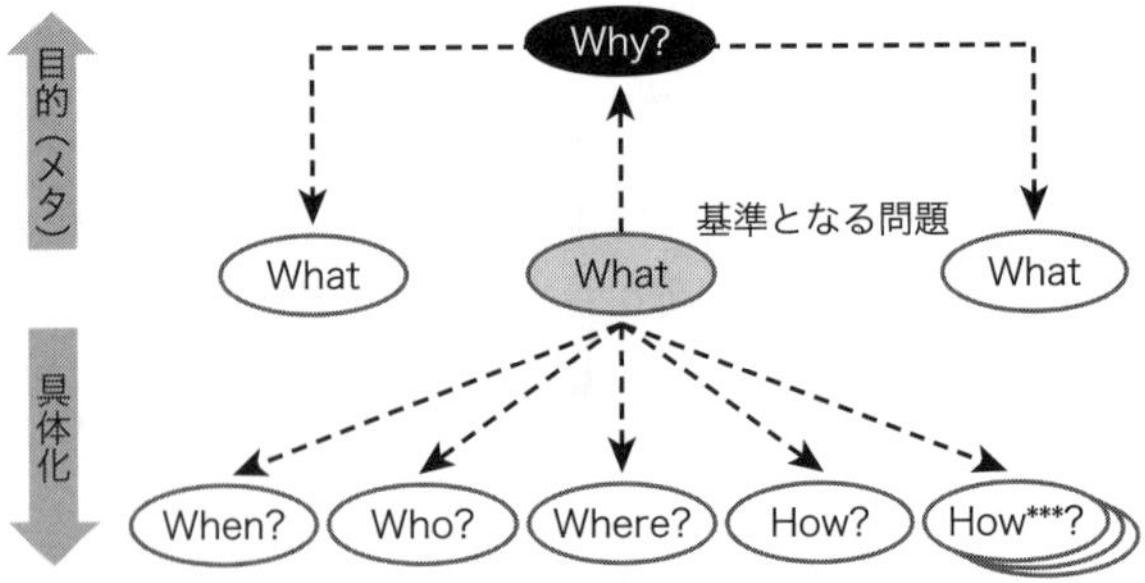

まずは図の中心の、基準となる問題（Ｗｈａｔ）が与えられたとして、ここから「上方向」への上位目的を問うＷｈｙ?の方向と、下位の具体化の方向、つまりアクションに向かう二通りのステップが考えられます。

下に向かうための疑問詞は、５Ｗ１（ｎ）ＨからＷｈｙとＷｈａｔを引いた残りのＷｈｅｎ? Ｗｈｏ? Ｗｈｅｒｅ? Ｈｏｗ?及びＨｏｗ＊＊＊?（Ｈｏｗ ｌｏｎｇ? やＨｏｗ ｍｕｃｈ?など）です。

「Ｗｈｙ?」と目的を問うことによって、他の問題（Ｗｈａｔ）が導き出されるイメージをつかんでもらえましたでしょうか。

ここでの他の疑問詞との関係は追って詳述

しますが、Ｗｈｙ以外の疑問詞というのは基本的にはすべて「具体化」のための疑問詞です。これらは「与えられた問題をどのように解くか」のヒントは教えてくれますが、「そもそも問題は違うところにある」ことを教えてくれる可能性があるのはＷｈｙという言葉だけなのです。

上位目的を考えることの二つの意味

このように上位目的を考える大きな目的、あるいはその効果は大きく二つあります。一つ目は先の「ドローンについて調べてほしい」という依頼の例で考えてみましょう。一つ目は先の解説の通り、真の目的を考えたらそもそもやるべきことは他にあると「そもそもの問題を定義しなおしてしまうこと」です。つまり新たな問題を発見するためです。

そしてもう一つの目的は、問題そのものはありきとしても、その問題の解決の仕方、例えばその中のどの部分が優先順位が高く、どの方向性に解決すべきかを示唆《しさ》してくれるということです。

図7　Whyの目的1：真の問題の発見

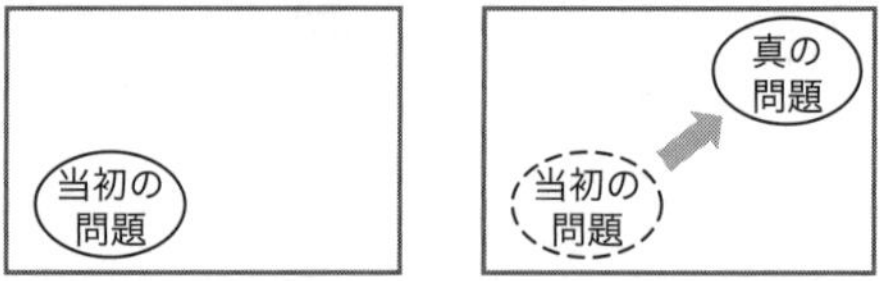

図8　Whyの目的2：問題解決方法の示唆

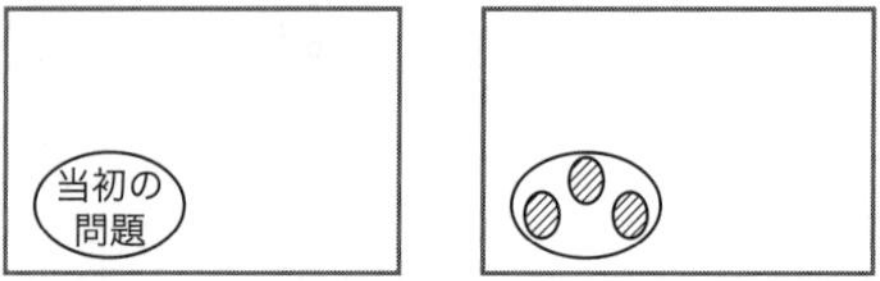

ドローンの問題でいけば、その調査の目的によって、どういう用途向けのことを重点的に調べるべきか、技術的なことを調べるべきなのか、ビジネスへの用途を考えるべきかといった点を教えてくれるのです。つまりＨｏｗのやり方を教えてくれるということになります。

塗り絵に例えれば、先の一番目の目的は、「そもそも塗るべきところはそこではない」ということで、こちらの二番目は「きれいな色の塗り方」を教えてくれるという違いです。

「土俵を変える」とは？

言い方を変えると、これらの違いは「与えられた問題を早くうまく解く」ことと、そもそもその問題が正しいかどうかを疑ってかかり、「本当に解くべき問題を定義し直す」ことの違いです。問題解決の前にある問題の発見とその明確な定義という「上流」にさかのぼって、そもそもの土俵を変えてしまうことがメタ思考としてのＷｈｙ型思考の産物です。

これは「戦略」と「戦術」の違いにも通じます。「戦略」というのはいわば「メタの作戦」のことで、そもそもどの土俵で戦うのか、いかに自分の得意な領域に勝負を持ち込むのかというものであるのに対して、「戦術」というのは決められた土俵の中でいかに勝つかの作戦という違いです。これらが上流と下流の違いになることも先の問題発見と問題解決の関係と一緒と言えます。

図9　「過去へのWhy」と「未来へのWhy」

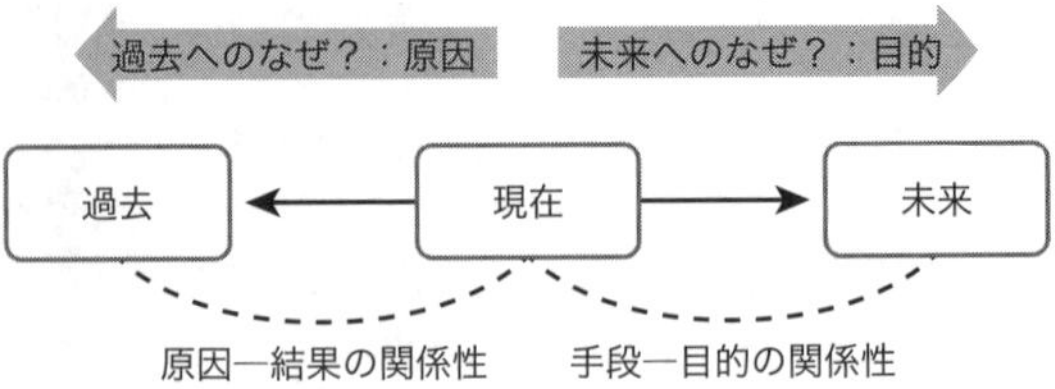

Whyは二つの方向で「時間を超える」

Ｗｈｙ＝「なぜ？」という言葉は便利な言葉です。過去に向けて「なぜ？」と問うことで結果に対する原因という「因果関係」を探ることができる一方で、未来に対して問いかければ手段に対する目的という「手段—目的関係」を問うことができます。つまり、Ｗｈｙというのは現在と過去、現在と未来をつなぐ時間を超えるための手段ということができるのです。

この性質は他の疑問詞にはありません。

このように、Ｗｈｙだけが「時間を超える」ことができます。ここまで解説してきたＷｈｙの威力については主に「壁を越える」といったイメージで、空間的に二つ

図10　Whyは時間の壁を越える

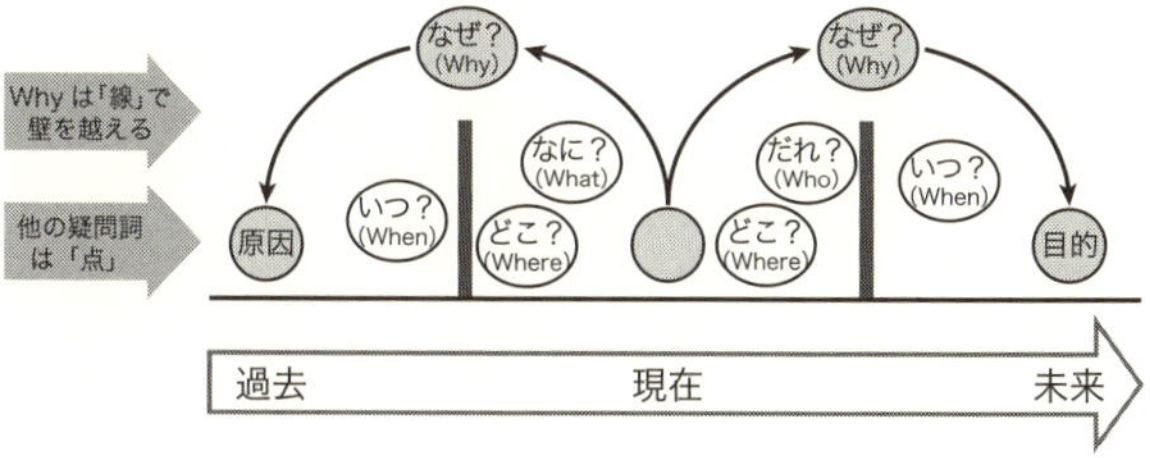

の場所をつなぐという文脈で解説してきましたが、「過去へのＷｈｙ」と「未来へのＷｈｙ」でメタレベルに上がるというのは時間的に二つの場所をつなぐというイメージです。つまりメタに上がるというイメージは、一つ上の世界で下の世界の関係づけをするということなのです（図９参照）。

Ｗｈｙだけが「関係」を表す

前の節の要旨を言い換えると、いわゆる「５Ｗ１Ｈ」と表現される英語の疑問詞の中で、Ｗｈｙだけが二つの間の事象の「関係性」を表す疑問詞で、他の疑問詞は属性をピンポイントに探るためのものであると言えます。

さらに別の表現をすると、他の疑問詞、特に他の４Ｗ

（What, When, Where, Who）というのはすべて名詞一語で回答できる疑問ですが、Whyに対する回答だけが一語で表現するのが難しいものです。

「これ何？」（What？）……「犬」

「いつにする？」（When？）……「明日」

「どこでやる？」（Where？）……「学校」

「誰がやる？」（Who？）……「私」

に対して、

「なぜ？」（Why？）……「雨が降ったから」

といった具合です。

「なぜ？」に対しては、どんなに短くしても名詞一語の答えにはなりません。「家族だから」という具合に最低でも「名詞＋だから」になってしまうでしょう。

この観点からも、なぜの特殊性が垣間見られると思います。

これは、他の疑問詞が「点」であるとすれば、「Why」だけが「線」であることが原因です。点は〇次元、線は一次元というのは学生時代に数学で習ったと思います。つまり、Ｗｈｙだけが「次元が違う」のです。

これがＷｈｙの持つ疑問詞としての特殊性であり、「メタ＝次元を上げること」とも言えるのです。

Ｗｈｙだけが「繰り返す」ことができる

「『なぜ？』を五回繰り返せ」というのは、製造業の工場等でよく聞かれる言葉です。トラブルや不具合等が起こった場合に、表面的な解決策でなく、本質的な解決策に迫るためにすべき質問が、このような「なぜ？」を繰り返すことなのです。これは他の疑問詞ではできません。「なぜ？」だけが複数回繰り返すことができるのです。

ちなみに、「どこ？」や「誰？」を複数回繰り返すとすれば、それは「よく聞こえなかったとき」、つまり同じことを何度も聞く場合しかないでしょう。「なぜ？」だけが繰り返すことでより高次元の世界（つまりよりメタの世界）へ私たちを連れて行ってくれるのです。

「なぜ」を一度問うたびにメタのレベルは一つずつ上がっていきます。なぜだけがなぜ、特別な言葉かおわかりいただけたでしょうか。

両者の長所と短所

このように様々な形でメタのレベルに上がって新しい発想を生み出すことができるWhy型思考にももちろん弱点はあります。裏返せば、メタレベルに上がらない非メタ思考（Whatのレベルから上がらないという点でWhat型思考と呼びます）にも長所があるということです。

Why型思考のメリットについては本書を通じて様々な形で述べていますので、ここでは特にWhy型思考の短所、What型思考の長所をまとめておきましょう。

まずWhy型思考は相手の依頼をすぐには実行せず、一度「立ち止まって」考えるという点で「時間がかかる」というのが一つ目の弱点です。そもそも「考える」という行為そのものにそういう性質があるので、仕方がないでしょう。

二つ目の弱点は、「なぜ？」という問いかけは往々にして相手を不快にさせるということです。特に日本人同士の会話においてあまり露骨に「なぜですか？」を連発すると煙たがられるので、その質問の仕方には十分注意しましょう。逆に言うと、Ｗｈａｔ型の人は相手に一切逆らわないので、往々にして人に好かれるキャラになります（なんでも言うことを聞いて上級生に重宝がられる運動部の下級生のイメージです）。

これらはいわばＷｈｙ型思考の「使用上の注意」として心に留めておいてください。

実践編

そのままやらずに「押し返す」演習

T型フォードを大量生産という形で世の中に出し、自動車を普及させたヘンリー・フォードは、「もし顧客に何が欲しいのか尋ねたら、『もっと速い馬が欲しい』と答えただろう」という有名な言葉を残しています。

この言葉もある側面において、「なぜ?」と問いかけるWhy型思考の重要性を説いた言葉と言えます。もしフォードがこの顧客のリクエストに「そのまま」応えていたら、その後世の中が「フォード製の速い馬」であふれていたことでしょう(なんてことはありえませんが)。

つまり、先の「ドローンについて調べてほしい」という言葉への反応が二通りあったように、この言葉を「文字通り」とらえたならば、問題＝「もっと速い馬をつくること」になってしまいます。一方、Ｗｈｙ型思考でこの顧客の声の上位目的、つまり「なぜ速い馬が欲しいのか？」を考えれば、顧客の「心の声」すなわち上位目的は例えば「速く安く安全に移動したい」ということになります。

そう考えれば、手段は必ずしも「馬」である必要はなく、この問題を広義にとらえた場合の「解答」は「自動車（のような馬に代わる移動手段）を安価に提供すること」になるわけです。

このように、Ｗｈｙで上位目的を考えることで、顧客＝依頼主が考えもしなかったような解決策が生まれてくることになります。スティーブ・ジョブズは「人は形にして見せてもらうまで自分は何が欲しいのかわからないものだ」という言葉を残しています。顧客が発する言葉は常に「いまあるものの改善」でしかありません。顧客の心の声を「メタのレベルで」とらえることではじめて革新的な解答を出すことができるのです。

ところが私たちの日常を振り返ってみると、依頼主に与えられた問題を「そのまま」

解決しようとしていることがよくあります。ここではそれをいくつかの演習問題によって改めて気づきを得るとともに、そのような場面をメタ思考でどのように「さらに良い解決策」に導くかを見ていきましょう。

【演習問題】

以下の依頼主の言葉に対して、

①「そのまま」対応したらどういう解決策が考えられるか?

②依頼主の「心の声」(Why＝上位目的)は何だったのか?

③Whyに応えるためのより良い解決策は何か?

を考えてみましょう(図11参照)。

まずは身近な話題からです。職場でありそうな「直接の言葉」について、それに対してのアクションをメタ思考の観点から考えてみたいと思います。

図11　依頼主の言葉にメタ思考で対応すると？

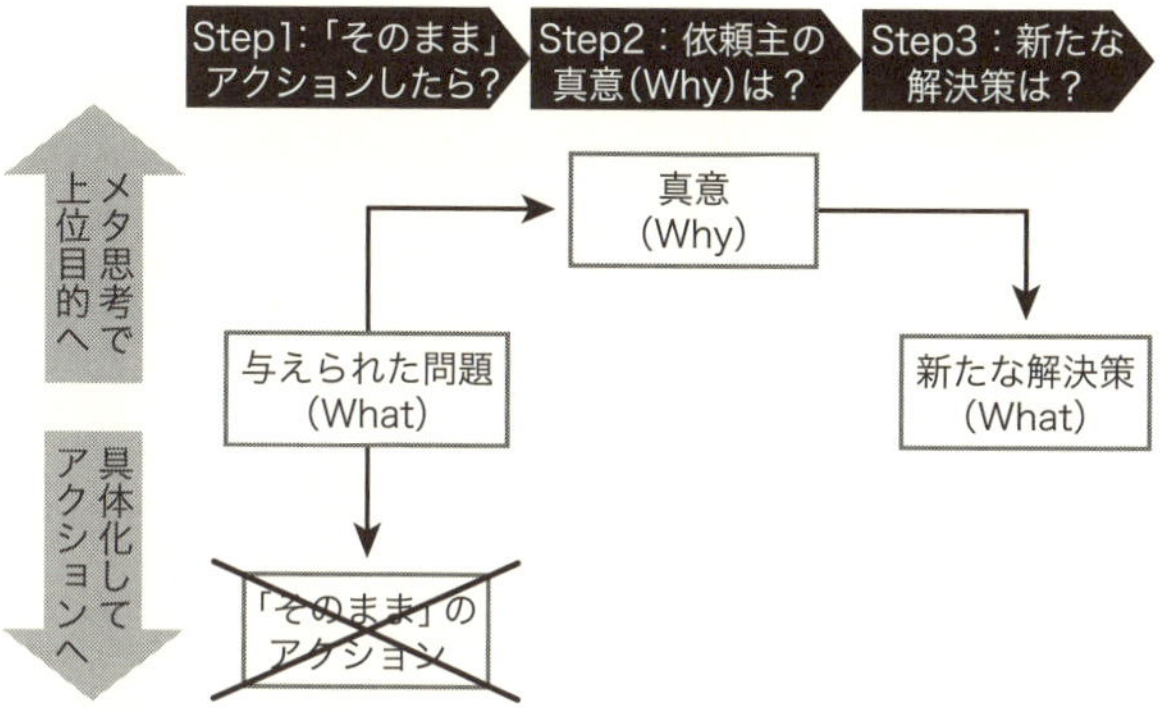

【問題1】
「この前の飲み会、時間が短かったね」

皆さんが職場の飲み会の幹事だったとします。開催の翌週に、その会に出席した先輩から右のような言葉をもらいました。

さて皆さんならこの言葉に対してどのようなアクションを取るでしょうか？

①「そのまま」対応したらどういう解決策が考えられるか？

ここで言われたことは「時間が短かった」ということなので、この言葉を「そのまま」

図12　①→②→③のテンプレート

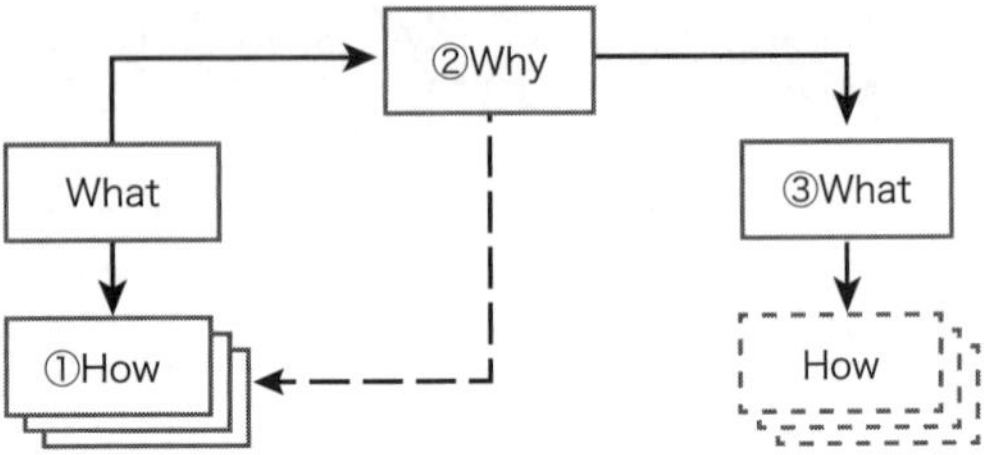

受け取るとすれば、この「問題」に対して取るべきアクションは、それを裏返した「では次回はもっと時間を長くしよう」ということになります。

でも、これは本当に「問題」の解決になっているのでしょうか。あるいは、そもそもこれは本当に「真の問題」なのでしょうか。

実際に時間をたっぷり長くしてみたら、その後に前回短かったと言われたまさにその当人から、「なんで今回あんなに長かったの？　途中で退屈しちゃったよ……」と不思議な顔をされてしまったらどう考えるでしょうか。「いや前回『時間が短かった』って言ってたじゃないですか？」と言っても、当人自身が忘れていることも十分に考えられます。

先に述べたように、「メタのレベルに上がる」ということは、問題そのものを上のレベルからもう一度俯瞰《ふかん》して、言葉で表現されたことの「言外の意味」を汲み取ることです。その仕事の依頼者や問題提起者本人が意識的に別の表現をしていることもあれば、本人自身もその真意に気づいていないこともあります。


ただこのような話、実際の現場ではよく起こっているのではないでしょうか。

「会議が短かった」と言われて、「では長くしましょう」

「研修が短かった」と言われて、「では長くしましょう」

「字が小さいね」と言われて、「では大きくしましょう」

「資料が厚いね」と言われて、「では薄くしましょう」

……これらの解決策は、実は真の問題に対しては何の解決策にもなっていない可能性もあります。


では次に「メタのレベルに上がって」、冒頭の発言の「心の声」が何だったのかについて考えてみましょう。

②依頼主の「心の声」（Ｗｈｙ＝上位目的）は何だったのか？

メタのレベルに上がるということは、上位目的、つまりその背景にあった本当の問題は何だったのかを考えるということです。

人間はどういうときに「時間が短い」と感じるでしょうか。あるいは「時間が長い」と感じるのでしょうか。つまりは「なぜ？」この先輩は「時間が短かった」と言ったのか、その真意や背景を考えてみましょう。

一番可能性が高いのは「楽しかった」ことの表現として「短かった」と表現したことです。楽しい時間は短く感じ、退屈な時間は長く感じるというのは、「話が長い」と思うのが必ずしも物理的な話の長さとは相関しないことを考えても明らかです。つまり、何らかの別の意図があったのを時間という形を借りて表現している可能性があります。

この他にこの発言の「真意」として考えられるのは、

・特定の話したい人と十分な話ができなかった（立食等の場合）

・飲み足りなかった（食べ足りなかった）
・途中のイベントが尻切れになってしまった
……といったようなことです。

もしこれらが真意だとすれば、「単に時間を長くする」ことが真の課題に対してなんの解決にもなっていないことは明らかです。

③Whyに応えるためのより良い解決策は何か？

では、このように「なぜ？」を考えることによって、取るべき解決策は「単に時間を長くする」こと以外にどのように変わっていくでしょうか。

例えばはじめの「楽しかった」が真意であるならば、次回の幹事としてのあなたが取るべきアクションは「前回と同じような楽しさをキープする」こと、つまり「特に大きく方針は変えなくてもよい」でしょう。要するに「短かった」というのは、褒め言葉だったのです。

逆に、「長かった」と言われたら完全にアウトだということになりますから、むしろ時間を長くして「今回は長かった」と言われたら、そこで幹事としての評判は一気に急降下してしまうことになるでしょう。

さらに別の仮説であった「特定の人との会話の時間が足りなかった」ということであれば、取るべきアクションは（飲み会以外の）別のコミュニケーションの場を特定のメンバーで至急設けることであるかもしれません。あるいは、飲食に関する不満がこのような発言で表れたのであれば、取るべきアクションは「時間」に関することではなくて、お店の選択やコースの選択を改めることかもしれません。

もちろんこれらの「施策」は、「時間を長くする」こととセットで行うことも可能ですから、必ずしも「時間を長くする」ことと完全に相容れないわけではありません。肝心なのは、単に時間を長くすることだけでは問題の解決になっていない可能性が非常に高いということなのです。

【問題2】
「交際費を部門別にまとめてください」

①「そのまま」対応したらどういう解決策が考えられるか？

「データを集めてください」→「集めました」では何の芸もなく、このような仕事はいずれコンピュータに取って代わられていきます。

例えばデータを「言われた通りに」集めてその依頼者（上司やお客様）に持って行ったら、「で、これどうするの？」と逆に聞かれて、「いやとにかく集めろと言われたんで集めました……」となってしまったことなどないでしょうか。

これが典型的な思考停止状態、つまりメタのレベルに上がれなかった状態です。

先の「ドローンに関する調査」には必ず目的が存在していたはずだというのと同様に、このように「データ収集」や「情報収集」に関しても、これ自体が目的であることは九九・九％ありません。

では、このような依頼が来た場合にはどうすればよいのでしょうか？

②依頼主の「心の声」（Ｗｈｙ＝上位目的）は何だったのか？

情報収集には必ず「集めた情報をどう使うのか？」というその先の目的があるはずです。ここで必要なのは、限られた情報で仮説を立てることです。

大抵の場合、この手の依頼は依頼の背景や目的を端折《はしょ》った状態でやってきます。したがってこのような場合には、こちらからその背景や真意を依頼されたその場で確認してしまうのが一番早いのですが、多くの場合、その大元の依頼主がすぐにつかまらないとか、メールで依頼がきているのでリアルタイムでは確認ができないといったことが起こります。

そのような場合には、与えられた情報だけで上位目的の仮説を複数考えてみることが重要です。

「その先」つまり依頼の上位目的に考えを及ぼす上で重要なのは、「結果としてのアクション」です。集めたデータを使って何をするのか、またその結果がどういうアクションにつながり得るのかということのいくつかのシナリオを想定してみることが重要なのです。

ではここではどういう仮説が考えられるでしょうか？

通常考えられる（交際費のような）経費に関しての「次のアクション」は、削減の検討です。ここで「部門別に」という言葉が一つのヒントになります。一般に「○○別に」や「△△毎《ごと》に」と人が言うときには、暗にそれらの間で大きな差があるという仮説を持っている可能性が高いと言えます。例えば特定部門の交際費が突出しているといったことです。したがって、「部門毎に削減目標を決めるための検討をしたい」といったことが、次のアクションとして考えられます。

③Ｗｈｙに応えるためのより良い解決策は何か？

もしそれが上位目的であるならば、もちろん現状のデータをそのまままとめることも必要かもしれませんが、部門別にばらつく原因を考えて、それをさらに顧客別にまとめるとか、地域別、月別にまとめて対策の仮説まで考えた上でまとめてみることも考えられます。

もちろんそれは「受け取った側の仕事」なのかもしれませんが、常にこのように「相手側の立場に立って」「次のアクションを想定した上で」依頼された内容に取り組めば、一歩先を読んだ形で相手のニーズに応えられる確率が上がります。と同時に、「次に何を言ってきそうか」も読めるようになり、仕事の段取りの力も向上していくことになるでしょう。

【問題3】
「コンペで他社さんに決めたのは価格の差です」

①「そのまま」対応したらどういう解決策が考えられるか？

この問題は、「依頼」というわけではないですが、「解決すべき課題」である点と、特に営業の現場では頻繁に起こりながらメタのレベルで考えられないが故に本来取られるべき対策が取られないことが多いので、ここで考えてみましょう。

この例にあるような「時間」や「お金」に関しての依頼や「言い訳」は、ほとんどの場合Ｗｈａｔであって、その上位には「真のＷｈｙ」が必ず存在します。

「値段で負けた」と言われたわけですから、次に同様の商談があったときまず頭に浮かぶのは「値下げ」でしょう。しかし本当に取るべきアクションは値下げなのでしょうか。後で実際の提示価格を聞いてみたら、そのコンペで勝った会社のほうが実は高い値段で出していた、なんていうことはざらにあります。

もう一つここで「値段のせい」にしてしまうことは思考停止も意味するのです。なぜかといえば、コンペに負けた原因が「値段」だということになれば、それは「自分のせいではない」ことを意味するからです。もともと他社より値段の高い商品やサービスしか持っていない会社や、それ以上の値下げを認めてくれなかった上司に責任を転嫁してしまえば、「悪いのは自分ではない」となって、ここで次回への進歩も自らの成長もなくなります。

ところが幸か不幸か、後述するようにほとんどの場合、これは真ではないのです。

②依頼主の「心の声」（Why＝上位目的）は何だったのか？

それでは、この場合の「真の意図」はなんだったのでしょうか。

このような場合、必ずしも競争に勝ったところが安値で出しているわけでもないことから、「性能や機能、あるいはその他のメリットの割に高かった」というのがまず考えられる理由です。このような状況であれば、まだ自分にも「もっとメリットをアピールすべきだった」と改善項目が出てきます。

自分が顧客の立場で考えても、「本当に」値段のせいだけで意思決定したことが一体どれだけあったでしょう？　例えば「今月の小遣いからすればこれが目一杯だった」という場合でも、「本当に」欲しいものであれば、買う時期を遅らせるとかクレジット払いにするとか、支払い方法を変えることでなんとか手に入れようとするでしょう。

さらにいくつかの商品や会社を比較した上で、一生懸命頑張ってもらった営業マンに断りを入れる立場でなんと言うかを考えてみましょう。もう「ほとんど買いますよ」と言っていた後で、（買うことそのものを）家族に止められたとか、あるいはなんとなくその営業マンとは相性が合わないからというのが本当の理由だった場合、その本当の理由を言うことができるでしょうか。

このような場合に一番簡単な断り文句が「値段が原因」だと言うことなのです。こうすれば誰も傷つかず、理由が客観的であるため説得力もあります（少なくともそのように見えます）。

これを会社に当てはめれば、例えば「社長の『鶴の一声』でひっくり返った」とか、「上司が昔営業担当の人の上司とやりあったことがあって、同社が出入り禁止であることが後で発覚した」といった場合にも、おそらく実際に表に出てくる断りの理由は「値段のせい」になるのではないでしょうか。

「お金」や「時間」というのは何かの尺度でしかありません。これらが「ない」というのは端的に言えば「優先順位が低い」と言われているだけなのです。これは「時間がない」と言ったり言われたりするときのことを考えれば明白でしょう。よく考えるとその構図はお金でもまったく一緒であることがわかります。

それでも「本当に値段で決まる場合もあるんだ。官公庁の入札のように」という反論もあるかもしれません。確かに「そこだけ見ていれば」純粋に値段の大小で決まっている場合もあるかもしれませんが、問題はその土俵に持ち込まれてしまったことそのものなのです。その勝負に持ち込まれる前に、いかに「上流側で」自分の土俵に持ち込むかが勝負であることを、本質を考えるメタ思考ができる人は知っています。

だからその場合でも必ず「さらにコンペを優位にする方法」は存在していたのです。Whyは繰り返せば繰り返すほど（つまりメタのレベルを上げれば上げるほど）勝負を上流に持ち込めるという性質があります。逆に言えば、「お金（時間）がない」と言って断られるということは、目一杯「下のレベルで」勝負していることを意味するのです。

③Whyに応えるためのより良い解決策は何か？

このように、オプションが「値下げしかない」というのは、営業担当として「思考停止」を宣言しているようなものです。同様に人事採用の担当が、「給料を上げるしか方法がない」というのも同様です。「数字のことしか語れない」というのは実は思考停止の典型的な症状なのです。

「数字に訴える」ことはアイデア貧者の最後の拠《よ》り所《どころ》であることを肝に銘じておきましょう。数字で語ることが重要なのは「誰にでも納得性がある」からですが、逆に言えば「誰にでも理解できる」こと自体が、思考が止まっている人でも理解できることを皮肉にも意味してしまっているのです。

ここまで考えれば、確かにその場で出せるオプションはほとんどなかったかもしれませんが、「次回への反省」としていかに上流で客先の人間関係や意思決定のプロセスを調べておくか、あるいは情報収集や上司への根回しをいかに入念にやって価格重視のコンペに持ち込まないかといった方策が出てきます。

皆さんも本日限り、「値段のせいで負けた」あるいは「予算が足りないからできなかった」という言葉を一切禁句にしてみてください（「忙しいから」という言葉を使うべきでないというのもまったく同じ理由です）。もちろん本当にお金も時間も限りなく不足している状況というのは存在するかもしれませんが、そういうときこそ、「自分に何ができただろう?」と考えるためには、「お金のせい」や「時間のせい」には決してしてはいけないのです。

言い換えれば、時間やお金というのは「次元の低い」表現方法と言えます。メタ思考を習得している人はこのような発言をメタのレベルで翻訳して語ることができ、その結果として自分にもコントロールできる様々なオプションを出せるのです。

【問題4】
「新商品を紹介しに来てください」

①「そのまま」対応したらどういう解決策が考えられるか？

「紹介しに来てください」と言われたのですから、とにかく紹介しに行きます。新商品の情報を少しでも多く入手し、新しい機能の特徴、競合他社との比較、ラインアップと価格等についてまとめて紹介資料を作成し、依頼主であるお客様のところに赴《おもむ》いて商品紹介のプレゼンテーションをしました。

自分としてはそれなりに納得いく資料で、自社の製品の優位性はアピールできていると思っていましたが、聞いていた顧客企業の担当マネジャーからの反応は、「で、どうしたの？」でした……。

相手のその反応にすっかり面食らい、「『紹介してくれ』と言われたから紹介したんですよ……」という言葉が喉元まで出かかりましたが、ぐっと我慢しました。そういえば、以前にも他社でまったく同じことがあったような……。
いったいこれは単なる相手のきまぐれだったのでしょうか。

②依頼主の「心の声」（Ｗｈｙ＝上位目的）は何だったのか？

「紹介してもらうこと」だけが目的であることはあり得ません。「その先」に何を考えているのか、その上位目的を考えることは必須です。どんな仮説が考えられるでしょうか。

まず考えられるのは、当然最終的にその商品の購入を検討しているというものです。ただしこれではまだメタの視点とはいっても、本当の意味での目的をあぶり出したとは言えません。

「新商品を紹介してください」の意図が購買の検討であるというのは当たり前のことなので、むしろその場合はさらに「そもそもなぜ購買を検討しているのか」というところまで思いを及ぼすことができるからです。要は「なぜのなぜ？」を考えてみることが重要だということです。そうすると様々な可能性が考えられます。

「購買の検討」と一口でいっても、古い機種が使えなくなったのでリプレースを考えているのか、あるいは現在競合他社のものを使用中なのだが、サービス体制に不満があってメーカーの変更を考えているのか、あるいは単に来年度の大きな予算取りの予備検討をしたいだけなのか、それによって用意すべき情報も強調すべきポイントも変わって然《しか》るべきです。

さらに購買の検討以外にも商品紹介を求める場面は考えられます。「単なる最新動向の調査」かもしれません。ただしこの場合でも先の演習の通り、「調査」そのものが最終目的であることはありませんので、「その先」が必ず何かあるはずです。三年後の新製品のための技術動向を見極めたいのか、最新のキーワードに関しての取り組みを経営層から問われてその回答を作りたいのか、ここでも様々な理由が考えられます。

③Whyに応えるためのより良い解決策は何か？

このように、「紹介すること」そのものが目的であることは決してないので（もし依頼主本人がそう思っているとしたら、そのこと自体がおかしいので）、必ずその「一歩先」つまり上位目的をにらんだ形での紹介にもっていくことは必須です。

競合からのリプレースを考えているのなら、その競合の製品やサービスとの比較は必須ですし、そのリプレースについてもさらに「なぜ?」と考えておけば、比較のポイントも明確になっていきます。

また来年度の予算取りということであれば、支払方法のオプションを提示するとか、ランニングコスト等も含めたトータルコストに言及することも必要かもしれません。

このように、よく言われる「○○を紹介してほしい」という依頼一つをとっても、様々な方向で「なぜ?」を考えて仮説を立てることが、仕事のレベルを一歩上げてくれることになるでしょう。


【問題5】

「こんな商品じゃ売れませんよ。この業界(国、会社)は特殊なんですから」

(特に後半の言葉に着目して、Whyを使ってみてください)

①「そのまま」対応したらどういう解決策が考えられるか？

このようなセリフは「売れない」と言われているのですから、それをそのまま解釈してアクションするなら、では「売るのはやめよう」あるいは「企画を見直そう」ということになります。

ところがこれ、本当でしょうか？　メタの視点に上がるために必要なのは、まず目の前に見えている世界を疑ってみるということです。そこから思考回路が起動します。先のドローンの演習で見たように、言われたことを信じてすぐに具体化のアクションを始めると、大事な「問題の外側」を見失ってしまうことになります。

このような発言は、特に「現場に精通した人」や「業界の専門家」あるいは「ローカル事情に詳しい人（海外駐在者等）」からよく聞かれます。

例えば本社の人間が現地にヒアリングにいくと、大抵このような声の連続で、当初本社で描いていた仮説がズタズタにされることはよくあります。

「これだから現場を知らない人は困る」

「この国の人はそんなもの使わない」

「お客様はそんなことは望んでいない」

こんな声を持ち帰って再度企画の練り直し……となるわけですが、だからと言って「現場の言いなり」で作った商品が売れるかと言えば、それも疑問です。

まさに「そのままくん」で前回の声を反映した仮説を相手にぶつけると、この前とは正反対の声が返ってきたりします。

「なんでこの前のから変えちゃったの?」

「それはあなたが変えろって言ったから……」(という思いを喉元で咬み殺す)

なんてこともありそうな話です。

このような「コロコロ変わる相手の意見に右往左往する」というやりとりは「本社と現場」「部下と上司」「営業担当とお客様」のように様々な場面で起こり得ます。なぜこのようになってしまうのか、考えてみましょう。

②依頼主の「心の声」(Ｗｈｙ＝上位目的)は何だったのか?

まずは本当にその人の業務（業種、国）が特殊なのかを考えてみます。こうした言葉がなぜ出てくるのかを考えてみましょう。

一つ目はそもそも人間は他人のことは一般化するのが得意なくせに、自分のことはいちいち特殊であると思いたがる思考の癖があるということです。

また、このような発言をする人に限ってその業務一筋で他の業務や業界を知らなかったりするのです。広い世界を見れば見るほど「どこが特殊でどこは同じか」という視点が出てくるので、冒頭のような発言にはなりません。つまりこのような発言は発言者の視野の狭さを表していることもあります。

ではそもそもなぜ特に自分自身のことについて視野が狭くなってしまうのでしょうか。その一つの原因は、物事を具体的なレベルでしか見ることができておらず、抽象化して「メタの視点で見る」ことができていないからです。

もう一つの仮説は、単に「新しい活動に反対したい」とか「変化を嫌っている」だけではないかということです。上述のように、この課題が本質的なものでない以上、単なる言い訳を言われている可能性もあります。人はとにかく感情的に受け付けない場合にもこのような反応を取りがちです。

③Whyに応えるためのより良い解決策は何か?

ここまでの議論を踏まえると、問題は「本当に特殊なこと」ではない可能性が高いので、このような発言になっているそもそもの要因をとらえた施策が有効であることがわかります。

一つ目は、事象をしっかりとメタの視点でとらえ、抽象化した上で、何が本当に特殊で何が一般化できるかを見極めることです。その上で本当に特殊なことをどうすべきかを本来の目的と照らし合わせて考えるべきでしょう。

同じような思考回路を持った人間同士によって営まれている以上、本当に特殊な業界や業務などないはずです。逆に言えば、本当に「一般的な」業務や業界も存在しないので、目的に応じて適切な一般化、抽象化を行うことが重要です。

また、「活動に反対したい」とか「変化を嫌っている」ことが背景になって単なる言い訳をしている場合には、さらにそれに対して「なぜそう思っているのか？」を突き止めた上での施策が必要になるでしょう。そうすれば本当の解決策は「飲み屋で愚痴を聞く」ことかもしれないのです。

「手段の目的化」の発見トレーニング

ここまでの演習テーマにあげたような依頼や指示というのは、実際には職場で頻繁に飛び交い、なおかつ「思考停止」のそのままくん型の反応が頻発しているのではないかと思います。

個別の事例についてはこれまでトレーニングした通りですが、何気ないイベントもすべて「手段の目的化」の傾向は不可逆的に進行していきます。

したがって、ある程度安定した組織、伝統ある会社、大企業ではこのような「手段の目的化」が後を絶たず、当然そのような組織にいる従業員は長年その組織にどっぷりとつかればつかるほど思考停止は進行していきます。そのためには極めて基本的なことではありますが、常に慣習化してしまった行動に対して目的を問うていく姿勢が求められます。

組織の活力の一つのバロメーターとなるのが、慣例化してしまったイベントに対していちいち目的を意識した行動が取られていくかということです。停滞して活力のない組織では「定例会議」や「ルーチンワーク」が増えていきます。

「ルーチンワーク」というのは、いちいち目的を問わずにとにかく同じやり方で速く実行することが求められる仕事です。仕事の中でのルーチンワークの割合が大きければ大きいほど考える必要がなくなっていきます。つまり変化が起こらず、「滞留した水が濁《にご》って」いって組織の活力も奪われていくという構図です。

会議というのはもちろんビジネスの現場では必須のものですが、一方でまた絵に描いたような「手段の目的化」がよく見られるものです。そうなると「会議を開くこと」そのものが目的になってしまい、目的を見失った意味のない非効率な会議が増えていき、下手をすると「会議の目的を考える会議」という完全に本末転倒の状況が起こり得ます。

その会議の目的は果たして「意思決定」なのか「情報の共有」なのか、またもし「情報共有」だとしても、そのまた上位の目的は何なのか（情報共有そのものが目的であることはないはずです）。そのことが出席者の間で明確に共有された会議とそうでない会議では、生産性や出席者のモチベーションが大きく変わってくるでしょう。

【演習問題】

調査、分析、調整、レビュー……

これらは毎日職場で行われているものですが、往々にして本来手段であるはずのものが目的になってしまっています。

ここで改めて各々の「上位目的」は何か考えてみましょう。その目的の仮説を各々について二つ以上考えてみてください。

その際の上位目的の方向性をいくつか指針として示します。

・「その先」に何があるのか？（調査や分析などの「その先の作業」）

・「その先のさらに先」の最終目的はなんなのか？（「なぜのなぜ？」）

・ToDo（アクション）の上位目的は、その先のToBe（状態）を実現すること

・ICT等のツールが手段なら、その上の目的はなんらかの業務（利益、売上、コストなど）

・業務の上位目的は、経営上の目的（利益、売上、コストなど）

・「上司」からの依頼の上位目的は、さらにその上の「上司の上司」

・お客様からの依頼の上位目的は、さらにその先の「お客様のお客様」

……このような方向性で「なぜ？」、あるいは「なぜのなぜ？（のなぜ……）」を問うてみてください。

さらにカッコ内に個別の問題に関してのヒントも載せておきます。

図13 「会議」の真の目的を考える

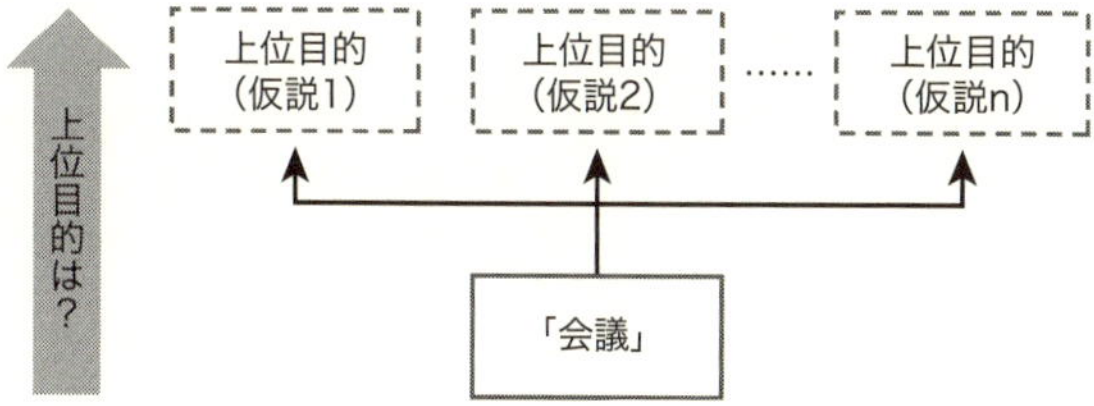

「上位目的を考えるテーマ」（各自の業務内容について、各々これらの言葉の前に「〇〇の」を適当に補って考えてみてください）

・**「調査」**（調査そのものが目的であることは九九・九%ありません。その先その結果を何に使うのでしょうか？）

・**「分析」**（分析そのものが目的であることは九九・九%ありません。その先その結果を何に使うのでしょうか？）

・**「調整」**（調整そのものが目的であることは九九・九%ありません。その先その結果を何に使うのでしょうか？）

・**「レビュー」**（レビューして、その後どうするのでしょうか？）

・**「管理」**（様々な管理がありますが、これも「管理が目的化」していないでしょうか？　そもそも何のための管理か、考えたことはありますか？）

・**「システム導入」**（手段の目的化でプロジェクトがよく迷走します。そもそも「あのシステムは成功（失敗）だった」というのも本当に「当初の目的に対して」になっているでしょうか？）

・**「統合」**（会社でもシステムでも、統合そのものが目的になっているプロジェクト、死ぬほどあります）

・**「見える化」**（これもよくある手段の目的化、「見える化」していったいどうしたいのでしょうか？）

【解説】

各々の問題への解説は省略しますが、いずれもこれらは「手段であって目的ではない」ことだけは四六時中、常に肝に銘じておくべきです。これは「基本中の基本」のことですが、ほとんどの職場も社員も、これらのどれか、あるいはすべてが目的化しています。

逆に言えば、これらの目的を常に考える、つまりメタのレベルに上がって物事を眺めるだけでも、文字通り職場の中で「頭一つ抜けた存在」になれることは間違いないでしょう。

「土俵を変える」演習

Ｗｈｙで考えると「土俵を変えられる」というお話をしました。これはさらに正確に言うと、非メタのレベルで考えている土俵とメタのレベルで考えている土俵とは「線の引き方」が異なっていることを意味します。

ここまであげてきた例で言うと、手段のレベルで見ている土俵、つまり線の引き方と目的のレベルで見ている線の引き方では異なり、目に見えるものをベースにした線の引き方と目に見えないものをベースにした線の引き方では異なって見えるということです。つまり、メタの世界で考えている人には、非メタの世界で考えている人とは違った世界が見えているということです。

例をあげましょう。

「業界」という言葉があります。例えば自動車業界、放送業界、電気業界といった形で用いられますが、これは主に提供する商品やサービスが同じ会社同士の集団を言います。大抵のビジネスパーソンは「業界」という単位で物事を考えます。「業界の常識」があったり、就職活動等も「業界」を単位に行われることが多いようです。

ではこの業界という「線引き」は先の二つの見方のどちらに相当するでしょうか。これは「商品やサービス」という基本的に「目に見えるもの」で線引きされた世界であるがゆえに、非メタのレベルの線引きです。

ここで、メタのレベルと非メタのレベルの線引きの違いを表（図14）にまとめておきます。「業界」についてもこれが当てはまります。

このような目に見える線引きというのは、目に見える分、誰にでも理解ができるために、不特定多数の人たちの間での共通認識として固定的に運用されるのに適したものです。しかしそうした一方、表層的かつ固定的なために、ときにそれが思考を硬直化させ

図14　「線引き」の違い

	非メタの線引き	メタの線引き
可視化度	目に見える	目に見えない
表層度	表層的	根本的(本質的)
誰に見える？	誰にでもわかる	メタ思考の人に しか見えない
必要な時期	安定期に必要	変革期に必要

て変革への障害となるのです。したがって、特に変革期においてメタ思考の視点で「線を引き直して」考えることが必要になってくるのです。

法律や規制、あるいは会社の規則というのも、「目に見える線引き」の典型的な例です。目に見える線引きは「誰にでもわかる」ものですから、多数の集団の規律を保ったり、ある程度できあがった仕組みを運用するためには必須のものですが、反面、時代の変革期になったときに陳腐化し、時代遅れなものとなってしまうために、むしろ変革に対しての阻害要因になってしまうのです。

こんなときに必要なのが、メタのレベルに上がって「そもそもその線引きは何のためだったのか？」を問うてみることなのです。

そのために必要なのが、Whyということになります。

ここでは、そのように「線を引き直す」という観点でのメタ思考のトレーニングをしてみましょう。

「競合はどこか？」

メタ思考で線を引き直すことのトレーニングとして取り上げるのは、「自分の製品や会社の競合はどこか？」というトレーニングです。

通常「非メタ」のレベルで考えると、同じような見た目や機能を持った同種の製品・サービスを作っている「同じ業界内」の会社ということになります。ところが実際に顧客を奪い合っているのは、同じ業界の会社同士ではないかもしれません。

例えば、「吉野家の牛丼」を食べる人というのは、果たして毎回「松屋の牛丼」か「すき家の牛丼」かという選択肢を並べて吉野家を選択しているのでしょうか。

もちろん近くにそれらの店が密集しているのであれば、そのようなこともあるでしょうが、よほどの牛丼激戦区でない限り意外にそのような場面は少ないでしょう。

例えばランチタイムのビジネスマンが多く往来するような場所であれば、牛丼チェーンで食べようという選択肢を考えている人は、「時間がないので早くそれなりのもので済ませたい」という「目的」を持っている人が多いのではないでしょうか。

そうすると、実は吉野家の競合は「立ち食いそば屋」や「カウンター席のみのカレー屋」である可能性があります。このように、「目的」を考えると、競合相手がまったく変わってくるのです。

同様のことはテレビ局同士の視聴率競争にも言えます。

「テレビのチャンネル争い」という言葉はいまでは死語に近くなっています。家族の居間での過ごし方の選択肢が少なかった時代には、「テレビを見る」ということが決まっていて、あとは「どのチャンネルを見るか」だけが問題だったために、「チャンネルをひねりながら」家族でどの番組を見るかが争点になっていました。

このような状況を想定すると、競争は純粋に「他局との視聴率争い」だったと言えます。ところが、インターネットその他の選択肢が増えた現代では、テレビ局の競合はもはや「他のテレビ局」とは言えなくなっているでしょう。

本当に何が競合かを上位目的ごとに考えれば、「暇つぶし」や「情報収集」なら間違いなくインターネットやスマホアプリでしょうし、「エンターテインメント」ならこれにゲーム機も加わるといった形で、真の競争相手はテレビ以外の端末、すなわち（もはや一人一台以上所有しているであろう）スマートフォンやタブレット端末に移ってしまっています。

このように、特に選択肢が多く提供されている状況では顧客の意思決定は「同種の商品やサービス」ではない可能性が高いので、上位目的、つまりメタの視点で考えることが重要であると言えます。

【演習問題】
「昔ながらの喫茶店」の競合はどこ(何)か(だったか)?

・検討ステップ①
まずは昔ながらの喫茶店に行く目的をなるべく多く列挙してみましょう。
例：コーヒーを飲む、暇をつぶす……

・検討ステップ②
各々の目的の仮説に対して、「別の手段」がないか、喫茶店業界以外の選択肢をなるべくたくさん考えてみましょう。
例：「コーヒーを飲む」なら、コンビニで買う、自販機で買う、家で自分で作る、オフィス（や家庭）のコーヒーマシンで……。「暇をつぶす」なら、スマホのゲームやＬＩＮＥ、本……

【解説】

こう考えてくると、「喫茶店に行く」という行為一つとっても、実は様々な目的を持って行っていることがわかります。「顧客ニーズが変化する」とはよく言われる言葉ですが、「快適に時間を過ごしたい」「他者とのコミュニケーションをうまく行いたい」といった上位目的は、そう簡単に変化するものではありません。メタ思考で考えるというのは、そのように「簡単には変わらないもの」に立ち戻って代替手段を考えていくことです。

東京の都心では、すっかり「昔ながらの喫茶店」を見ることはなくなってきました。これを単純に「コーヒーチェーン店が台頭したから」という動きだけでとらえていると、「お客をどこに取られているか？」を見誤ることになりかねません。

また、目的として想定される「暇つぶし」や「待ち合わせ」「ゲーム」「新聞雑誌を読む」あるいは「友人知人とのコミュニケーション」「（書類を広げて）仕事をする」とい

図15 「昔ながらの喫茶店」の真の競合は？

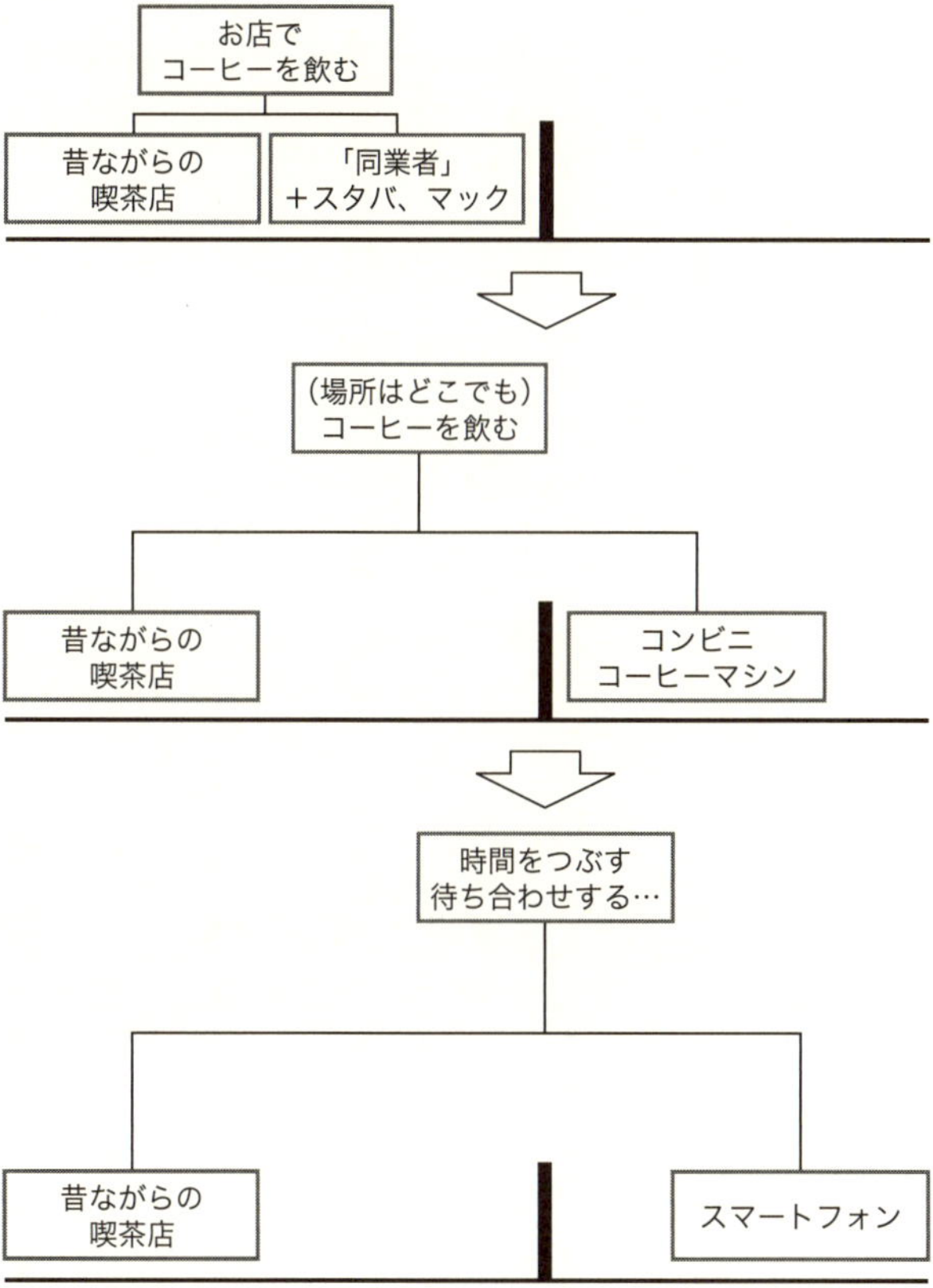

ったものの大部分が、いまやスマートフォンで代替可能になっているということにも改めて気づかされるでしょう。

【応用問題】

・「若年層に車が売れなくなった」ことの「競合」は何だったか考えてください。

・時代の変化とともに「同じ目的を満たす他の手段」が出てこなかったか考えてみてください。

・車を所有することの上位目的は何だったでしょうか。それを別の手段で満たしていることがないか考えてみましょう。

（例えば若者の「お金の行き先」がどう変わったかから考えてみてください）

第三章

アナロジー思考のトレーニング

アナロジーとは？

本章では、Ｗｈｙ型思考に続いて、メタ思考のもう一つの軸となるアナロジーの考え方の基本動作の習得を目標とします。その基本的な考え方から始まって、身の回りの構造を読み解くための演習を行い、アナロジーの基本のイメージをつかむことを狙います。

一言で表現すれば、アナロジーとは類推、つまり「類似のものから推論する」ことです。要は似ているものから「借りてくる」ということです。

では、いわゆる「パクリ」つまり単なるモノマネと、アナロジーはどこが違うのでしょうか。

パクリとアナロジーの違いを図16に示します。

もっとも端的に表現できる違いが類似点の抽象度の違いです。

図16 「パクリ」と「アナロジー」の違い

	単なるパクリ	アナロジー
可視化度	目に見える	目に見えない
表層度	表層的	根本的（本質的）
関係性	単品の類似	関係・構造の類似
発見難易度	簡単に気づく	一見わからない
具体性	具体的	抽象的

パクリとは抽象度の低い、つまり具体的なレベルでの真似です。具体的なものとは直接的に目に見えるものであり、形に表れているものです。逆にアナロジーを用いたアイデアとは、目に見えない類似性や、（単品の類似ではなく）もの同士の「関係性」や「構造」（関係性が複雑になったもの）のレベルでの類似性を用いるということです。

アナロジー思考の基本にあるのは抽象化の考え方です。

抽象化とは、複数の具体的な事象に高次の共通点を見つけて一般化することです。そこで見つけた共通点を基にして一見まったく異なるように見えるものをつなげることで新しい発想を生み出すことができるようになります。ここでいう「高次の」というのが本書でいう「メタ」の視点ということになります。

このことを先のパクリとアナロジーの違いで考えてみると、パクリというのは抽象化をしないでそのまま具体のレベルで真似をすることで、アナロジーは一度抽象化してから再度具体化することで「抽象度の高い真似」をすることです。

アイデアの豊富さというのは、いかに新しいアイデアを異なる世界から借りてくるかに依存しています。陳腐なアイデアしか出てこない人は、狭い世界や業界の中、あるいはすでにヒットしている類似商品から発想するからです。なるべく目を「遠く」に向け、目に見えないものの類似性を探すことで、いくらでもアイデアは出てきます。

アナロジーは「抽象化」+「具体化」

アナロジーのプロセスは「抽象化」と「具体化」の組み合わせによって成り立ってい

図17　アナロジーのプロセス

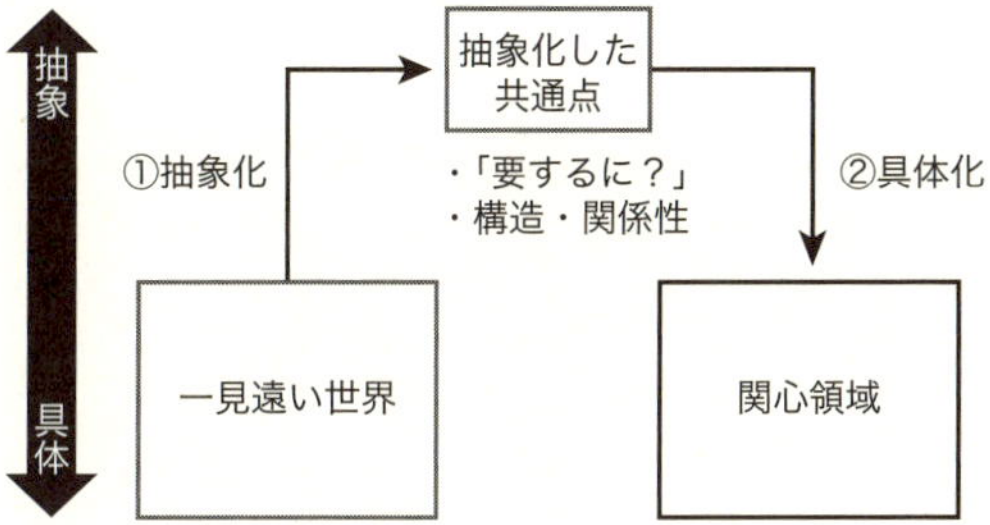

ます。それによって「遠くから借りてくる」ことが可能になります。抽象化のレベルが上がれば上がるほど（つまりメタのレベルが上がれば上がるほど）汎用性《はんようせい》が上がるために、遠くの世界が一緒に見えてきます。

先述の通り、このまったく逆のパターンが「具体→具体」を抽象化なしで「そのまま行う」パクリということになります。これは十分に自分の頭で考えられていない「非メタ思考」の産物です。

別の言い方をすると、アナロジーとは「パターン認識」の能力とも言えます。パターン認識というのは、複数の個別事象に共通点を見出すこと（抽象化）と、その共通点から、過去の経験や知識とを結びつけて新しい分野における知見を得る（具体化）ことを意味します。

これによって、人間は限られた過去の知識からこれから起きうることを予測できるようになって、知の世界を限りなく広げてきたのです。食べたことのない「初見の」料理を見たときにも私たちはある程度その味を「予想」することができます（例えば「真っ赤な料理は辛そう」といったことです）。

同様に初めての人と会話をしているときでも、顔の表情や声のトーンなど、様々な兆候からパターン認識することで、その人の喜怒哀楽を読み取ることができます。

アナロジーの重要性

ではなぜアナロジーが重要なのでしょうか？

それは、これまでとは違う「不連続な」発想を生み出すことができるからです。それはある意味で「論理思考」とは対極をなすものです。「論理（ロジック）」というのは、一貫性や連続性、つまり「飛躍がない」ことを目的としたものですが、アナロジーはむしろ「飛躍を起こす」ためのものだからです。

このようなアナロジー思考がビジネスで必要な理由は以下の三つです。

一つ目は、現状にとらわれない新しい発想ができることです。

アナロジーとは飛躍であると説明しました。これがまさにアナロジーの威力です。変化のスピードが激しく、ＩＣＴ化の進展した現代のビジネス環境においては、特にこのアナロジーの発想が重要になります。

変化が激しいということは、これまでの業界での成功体験が通用する賞味期限が短くなっていることを意味します。このような環境下で、過去の経験やデータのみに頼って方向性を決めることは、時代に取り残されるリスクがあります。これまでの成功法則にとらわれない新しい法則を見出すためにもアナロジーは有効です。

もう一つの環境変化であるＩＣＴ化の進展ですが、ＩＣＴによる抽象度の高いビジネスモデルの浸透によって、戦略オプションの選択肢が業界を超えるものが多くなってきました。代表的なものが、後述する「オンデマンドマッチングモデル」や「シェアモデル」あるいは「サブスクリプションモデル」といったものです。これらは抽象度が高く一般化された戦略オプションであり、業界を超えた展開が容易に可能で、まさにアナロジー思考の格好の出番ということになります。

二つ目は、抽象化によって新しい概念を理解することができるようになることです。前述のようにＩＣＴによって実現されるビジネスモデル、あるいはFintechといったキーワードは抽象度の高い概念であり、これらを理解するためにはアナロジーによってすでに知っている平易な概念で理解する必要があります。「たとえ話」の力といってもよいですが、何かにたとえることで理解を容易にすることができます。

三つ目は、複雑な事象を他者に簡単に説明するためです。二つ目のポイントで述べた、自分の理解に役立てられるということは他人への説明にも有効だということを意味します。

アナロジーは教育においても頻繁に用いられます。複雑かつ難解な概念を説明するのに、身の回りの身近な事象にたとえることで、「サッカーにたとえると……」「料理にたとえると……」というのがその具体例です。

アナロジーの「弱点」

逆に、アナロジーの弱点、あるいは「使用上の注意」は何でしょうか。

いいことばかり書いてもフェアではありませんので、弊害の部分も述べておきます。これを心に留めた上で活用することが、本当の意味でのうまい使い方になるからです。

アナロジーとロジックの世界はよくも悪くも正反対であり、したがってこれらの長所と短所は表裏の関係になります。ロジックの最大の特徴が「つながっていること」であるのは前述の通りです。いわゆる論理的であるというのは誰が聞いても話がつながっている、あるいは一貫していることを意味しますが、逆に言うと、ロジックからは「ブッ飛んだアイデア」は出てきません。

アナロジーはこの逆です。つまり「飛躍がある（起こせる）」ことがその短所であり、また長所にもなるのです。

ある意味でアナロジーは「荒っぽく」「大雑把な」議論になりがちです。ところがだからこそ、未来の予測や新製品のコンセプトを考えるような大胆な仮説を立てるときに役立てることができるのです。これは科学の世界でも頻繁に用いられます。科学の世界では最終的に法則を打ち立てる際には事実やデータでその仮説を裏付ける必要がありますが、そこに至るための大胆な仮説を立てる上では様々なアナロジーが用いられています。

あまりに有名な事例では「りんごが木から落ちるのを見て万有引力のヒントを得た」というニュートンの「逸話」がありますが、冷蔵庫やエアコンにもその基本原理が応用されている、熱力学の世界で有名な「カルノーサイクル」を提唱したカルノーは、このアイデアを水車から得たと言われています。ほかにも原子の構造のヒントを太陽系の惑星の動きから得たと言われている物理学者のラザフォードや長岡半太郎など、こうした例はいくらでもあげることができるほどです。

要はアナロジーというのは、「ざっくりと」理解したり大きな方向性を考えたり、仮説を考えたりするのに向いている思考法であり、厳密な証明を論理的に積み上げるのに向いている思考法ではないということになります。

言い方を変えると、いわばアナロジーは「状況証拠」であって、「物的証拠」ではありません（この表現自体もアナロジーです）。だからこそ大胆な仮説を立てることができるのであり、（良くも悪くも）「発想の飛躍」が起こせるのです。

いくらAとBが「似ている」と言っても、Aで起こっていることが「必ず」Bで起きる保証はないからです。ただし、その共通の原因を分析し、解明することで、その「予測」の可能性を高めることは可能です。したがって本書では、上記のスタンスに基づき、単なる類似性のみならず、極力「なぜそれらが似ているのか」についても言及しながら、アナロジーによる推論を進めていきたいと思います。

それではここから、アナロジーのイメージをさらに膨らませるためのトレーニングを始めましょう。

アナロジーに必要なのは「意訳力」

【演習問題】
①子供の頃に自転車の乗り方を覚えたときの経験や教訓を、なるべく具体的に（自転車ならではの言葉や固有名詞で）リストアップしてみてください。
②その経験や教訓を、他の学び（英会話や簿記、あるいは料理などの習い事）に応用できないか考えてみてください。

【解説】

この演習はアナロジー思考のイメージをつかむためのものです。アナロジーに必要なのはいわば「翻訳」の力であり、ここではその「翻訳」の意味合いについて考えてみます。

そもそもここでの「翻訳」という考え方自体がアナロジー思考の産物です。例えば英語から日本語への翻訳というのも、日本語と英語という見た目は異なる二つの言葉を「概念」という類似性を基に一つにつなげるという点で、アナロジーと同じ「構造」を持ったものと言えます（だからアナロジーの説明に使えるのです）。

では、この翻訳のアナロジーを用いて、アナロジーのコツやどういうアナロジーが良いアナロジーなのかを説明していきましょう。

翻訳にも直訳と意訳があります。直訳というのは「文字通りの訳」で、一つ一つの単語をそのままほぼ一対一で置き換えたもので、先述の抽象レベルでいけば、抽象度の低い変換と言えます。

対して「意訳」というのがアナロジーに相当します。意訳というのは、その言葉の持つ「概念」をとらえて一見まったく異なる言葉で翻訳することです。

例えば英語で"silver bullet"という言葉があります。直訳すれば「銀の弾」ということになりますが、この意味するところは「難題を簡単に解決できる道具」といったよう

図18　アナロジーを「翻訳」にたとえると？

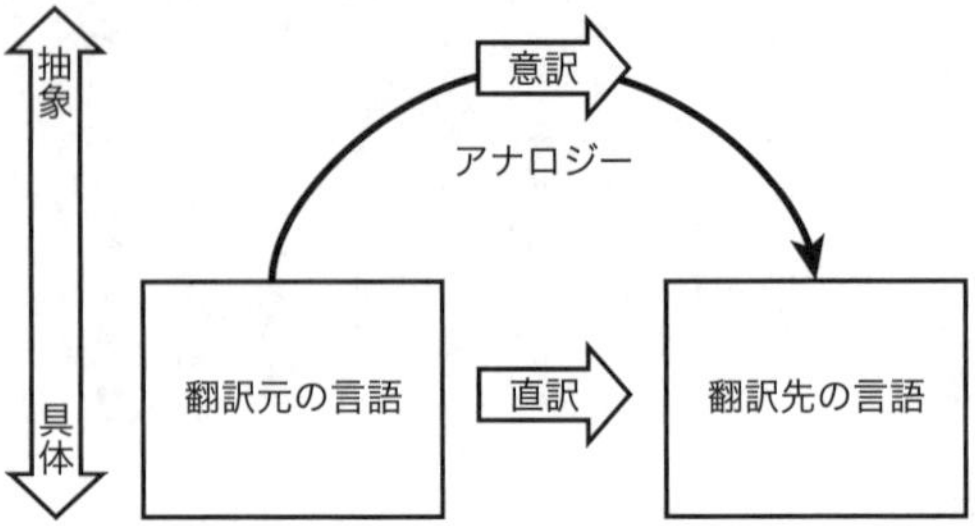

なものです。日本語に「意訳」するなら「特効薬」ということになるでしょう。アナロジーとはそのようなイメージです。

このような説明を踏まえた上で、改めて演習問題にもどって考えてみましょう。まず①の自転車の経験ですが、どんな事象があがったでしょうか。例えば、

・父親に支えてもらった
・補助輪を一つずつ外していった
・はじめはゆるい下り坂から始めて、続いて平らな道に進み、最後は上り坂で練習した
・ブレーキの使い方を間違えて転んだ
……といったことでしょうか。

ここで重要なのは、先に述べたようになるべく具体的

に書くことです。例えば、「他の人に」ではなく「父親に」、「道具の助けを借りて」ではなく「補助輪を使って」といった表現にすることが重要です。

アナロジー思考、あるいはそのベースとなる抽象化思考でも、重要なのは具体と抽象の往復でした。良いアナロジー思考というのは、ここでいう具体と抽象の「ギャップ」が大きいことです。

したがって、アイデアの源はまず徹底的に具体的にとらえることが重要です。自転車の例で言えば、単に「サポート」ではなく「補助器具」、さらには自転車でしか当てはまらない「補助輪」というレベルでとらえて初めて、「左右のバランスを調整する」「はじめは付いていて、片方ずつ取っていくことができる」といった補助輪ならではの特徴を抽象化した状態で抜き出すことができます。

そこで、このアイデアを例えば英会話の学びに適用するとすれば、「左右のバランス」とは英会話で言えば何を意味するのかと考えて、「スピーキングとリスリング」ではないかと「翻訳」することができます。あるいは、「段階的に補助輪を外していく」というのは、個人の左右のバランスの癖（話すのが得意か聴くのが得意かといった）を考慮しながら、各々をサポートするために用意されたアプリや教材等を段階的に「外していく」（辞書を使わないようにするとか）ことではないか、といった形で翻訳していくことができます。

これに対して、自転車の経験を「サポートツールがあったほうがよい」といった抽象度が高い言葉でとらえてしまうと、あらゆる学びに適用できるかわりに、一般的すぎて「面白くない」アイデアしか出てこないのです。

また、自転車における「下り坂→平らな道→上り坂」というのは英会話で言えばどういうことなのか、と考えてみれば、例えば「ヒアリングを〇・五倍速→平常速→倍速で練習していく」といったアイデアにつなげることができます。

ところが、これを単に「徐々に難易度を上げていく」といった「（自転車に限らず）何にでも当てはまる」ような抽象度の高いレベルでとらえてしまうと、英会話でも簿記でも何でもそのまま当てはまる反面、当たり前のアイデアにしかならないのです。

「ブレーキの使い方で転んだ」も同様です。単に「道具の使い方を誤ると失敗する」という抽象度の高い「翻訳」では無難な解釈しか出てきません。

一方、自転車のブレーキには「前輪用（効果は大きいが急に作動するために、高速時に突然用いるのは危険）」と「後輪用（瞬発力は前輪用に劣るが、徐々にかつ着実に作動する）」があるという「自転車固有」の特徴をつかまえると、例えば怒り狂っているお客様の感情を鎮《しず》める場合にも、いきなり前輪ブレーキ的な施策（いきなりお金を払うとか、社長が謝るとか）を行うよりも、まずは後輪ブレーキ的な施策（担当者が怒りをひたすら聞くとか）で徐々に「減速」した上で「前輪用ブレーキ」で一気にストップさせるほうが効果的といったことが、自転車の経験からのアナロジーによってイメージできることでしょう。

このように、アナロジーで重要なのは、あたかも翻訳と同じように、「元の言葉の特徴」を一般化しすぎることなく具体的に抽出しながら、思い切って抽象化し、さらにそれを再度一般的な言葉ではなく、アイデアの利用先ならではの言葉にまで具体化する（「上り坂」が「倍速」に変わったように）という、具体↓抽象↓具体の往復を思い切って行うことで、これはまさに優秀な意訳に通ずるものがあるということです。

アナロジーと謎かけ

「共通点を探す」という観点で、アナロジーを習得するのに役に立つのが日本古来の言葉遊びである「謎かけ」です。

いくつか例題を見てみましょう。出典は「ととのいました！」で一時期一世を風靡《ふうび》したねづっちの著作からです。

【演習問題】

①「相撲」と掛けて「花見」と解く。その心は？

②「無重力」と掛けて「満腹」と解く。その心は？

③「お好み焼き」と掛けて「ダイエット」と解く。その心は？

（謎かけの出典：『なぞかけで「脳活」！』Wコロン著／東邦出版）

【解説】

解答は、

①「せきとり（関取・席取り）」が必要

②「くうき（空気・食う気）」がない

③「へらない（ヘラない・減らない）」と困る

です。

ここで謎かけを出してきた趣旨は、そのプロセスの類似性です（つまりここでも「関係性の類似点」に着目しています。

Aと掛けてBと解くその心は……Cという構図は、「共通点を探す」というアナロジーの思考回路と同じです。

AとBが「一見なんのつながりもない」別世界のもの同士、そしてCがその共通点です。

こう見ていくと、謎かけの思考プロセスがアナロジーと同様であることがわかるでしょう。逆に二者のちがいはパクリと同様、共通点の抽象度です。

【応用問題1】

次の謎かけを、その「プロセス」を改めて頭の中でたどりながら考えてみてください。

① 「インフルエンザ」と掛けて「嫌いなチームの試合」と解く。その心は?

② 「うちわ」と掛けて「信号機」と解く。その心は?

（謎かけの出典：『なぞかけで「脳活」!』Wコロン著／東邦出版）

【応用問題2】

自分で謎かけの問題を作って、他人に出題してみてください。

（「お題」が与えられるのではなく、自分でお題のほうを探すというのは、難易度が上がりますが、アナロジーのプロセスも同様で、「お題」と「共通点」はどちら

かが先に見つかることもあれば、同時にひらめくことがあるという、そのイメージをつかむためのトレーニングです）

二通りのプロセス

アナロジーによる発想には大きく二つのプロセスがあります。

「遠い世界」の具体的事実を抽象化したのちに現在の関心領域に当てはめるという、「具体→抽象」「抽象→具体」という二段階のもの（次ページ図19のパターン①）と、すでに抽象化されている「キーワード」を関心領域に具体化するという、「抽象→具体」の一段階のもの（パターン②）です。

本書では、これらの二種類のプロセス各々のトレーニングを行っていきます。

ここでのパターン①というのは、普段の観察から始まり、何気ない趣味の世界や日常

図19　アナロジー思考の2つのパターン

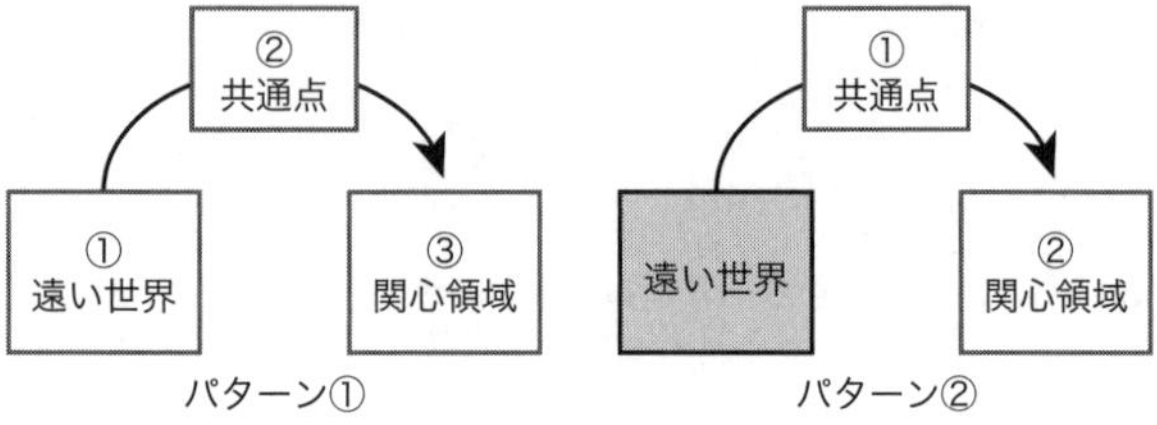

生活など、仕事とは関係ない世界での観察事象を抽象化して特徴を抽出し、それを仕事における抽象度の高いニーズと合わせて仕事におけるアイデアを生み出す、といったことが具体的な応用のイメージになります。

実際には、「抽象化」と「具体化」は連続的に一セットで起きるわけではなく、日常生活の中で普段何気なく観察した対象を抽象化しておくというのを行って、「引き出しに様々なパターン」をしまっておくというのと、それを自分の関心のある領域（例えば自分の仕事）に具体化して新しいアイデアにするというのはそれぞれ並行して行われているイメージです。これらがある瞬間で「つながる」のが、アナロジー思考における「ひらめきの瞬間」ということになります。

一つ例をあげましょう。二〇一五年に日本に上陸した

Netflixというオンデマンドの映像配信サービスがあります。このサービスはまず（物理的な）ＤＶＤなどを「定額制」でレンタルするというビジネスからスタートしました。創業者のリード・ヘイスティングスは、かつて映画『アポロ13』を自らレンタルしたときに、返却を延滞して当時の新品以上に高い延滞料金を支払うはめになってしまいました。そんな「不満」を持っていたときに、「スポーツジム」の定額制からこのビジネスのヒントを得たという逸話が残っています。これなどが典型的な事例と言えます。

さらにこの例からわかることは、「関心領域」に関する強いニーズ（多くの場合は不満）がアナロジー思考の強い引き金になることです。

次のパターン②というのは、すでに世の中の様々な事象が抽象化、パターン化されているときに、そのパターンが実現されていない別の具体的な世界に適用するというような場面で用いられます。例えば、世の中のトレンドやビジネスモデルというのがこの「パターン」に相当します。

実際にはこれらが渾然一体《こんぜんいったい》となって起こるのがアナロジーによる発想のプロセスなの

ですが、本書では各々のプロセスのうちいくつかを基本動作として抜き出して演習することで、アナロジーの発想力を鍛えていきたいと思います。

特徴的な業態からのアナロジー

続いて、あるお題が与えられたとした場合に、それから別のものを連想するトレーニングをしてみます。やみくもになんでもつなげられるのではなく、そこで「筋の良い」アイデアと「筋の悪い」アイデアが出てきます。ここでは、その「筋の良さ」がどうやって決まるのかを体験してもらいましょう。取り上げるのは「回転寿司」です。

「回転寿司」というのは非常に特徴的なレストランの業態であり、アナロジー的にも「真似をする」様々な特徴を持っています。ここではそこからどのように他の世界への展開が可能か、演習問題を通じてアナロジー思考のイメージをお伝えしたいと思います。

【演習問題】

回転寿司以外に、何かを回転させる「回転○○」のアイデアを考えるとともに、「なぜ○○なのか?」、そして「その成功要因は何か?」について考察してください。

・演習のポイント①：類似の食べものから始まって、どこまで「遠くに」（食べもの以外や動物、あるいは人間にも）この業態の特徴を飛ばして膨らませることができたか?

・演習のポイント②：回転の仕方も回転ずしスタイルから始まってどこまで抽象化して別の形態まで考えることができたか?

・演習のポイント③：成功要因について、どこまで抽象化しつつ「寿司ならでは」の特徴まで抽出することができたか?

・演習のポイント④：同じく成功要因について、顧客（あるいはユーザー）側の視点のみならず提供者（お店）側の視点も出すことができたか？

【解説】

アイデアの抽出にあたっては、まずは類似の食品を考えるのが普通に考えやすいアプローチです。まずは関係ありそうだろうがなさそうだろうが、とにかく手当たり次第に組み合わせてみるというのもアナロジー発想をするときの一つのアプローチです。

牛丼、カレー、ポテトチップ、アイスクリーム、おにぎり、おでん、焼肉、カップラーメン、居酒屋のつまみ類……このように様々に「思考実験」をしてみると、やみくもになんでも回転寿司のように「回せばよい」というものでもないということがわかってきます。

それではどういう食べ物がこのスタイルになじむのか、それはなぜか？　という「成功要因を抽出する」ことが「ただの思いつき」とアナロジーとの違いです。その「成功要因の抽出」こそ、抽象化に他なりません。これが先にお話しした抽象化とアナロジーとの重要な結びつきです。

ではほじめに、どのような特徴をもった食べ物が回転寿司型のスタイルになじむのか考えてみましょう。

回転寿司の特徴として、「少量ずつ小分けになっている」ことがあげられますから、これになじむ食べ物がよさそうです。一皿で満腹になってしまっては回転させる意味がありません。ただ選択することができるだけであれば、わざわざ機械で回転させるまでもないでしょう。

次になぜ小分けになっているとありがたいのかを考えてみます。「いろいろな味を試せる」というのがあるでしょう。それからもう一つは、(寿司ネタのように)「各々の種類に多様性がある」こともあげられます。

では多様性があると何がありがたいのか？　それは「人によって好みが異なるから」です。ある人は白身系だけたくさん食べたい、ある人は光物だけたくさん食べたい……そういった人たちが同時に食事できるのも大きなメリットです。寿司でもセットものではそのようなニーズを満たすことはできません。

もともと寿司屋のカウンターというのはそういうニーズに応えるものではありました

が、さらに回転寿司のありがたいところはそれが極めて安価に経験できることです。つまり元の単価はそれなりに高いが、「機械化」によって安く提供できることも重要な要素です。

さらに、カウンターで注文するスタイルにはなかった回転寿司ならではの「メリット」としては、「意外な出会いがある」こともあげられます。自分で注文するのであれば絶対に注文しなかった、いままで食べたこともないようなネタを、「おいしそうだから」と試してみて意外にはまってしまうという経験は、「自分で注文する」というスタイルでは味わうことはできません。

ここまでの「成功要因」は主に顧客側からの視点でしたが、逆にお店側からするとどういう商品がこのスタイルになじむでしょうか。

もともと回転寿司のアイデアそのものが工場のラインからのアナロジーで生まれたと言われているぐらいですから、「生産設備」としての回転寿司も考えてみましょう。

先述の通り、回転寿司は安価で提供できるものでなければならないので、ある程度は製造が標準化できるものである必要があります。さらに実は回転寿司ならではの特徴として、「受注生産」と「見込み生産」を絶妙のタイミングで組み合わせられることがあげられます。

需要が大きいと想定される（お昼前など）には大量に「見込み生産」で在庫としてのラインに大量に乗せておき、閑散時間帯には「受注生産」で対応させることができるというのは、「賞味期限が短い」（つまり在庫リスクが大きい）寿司には絶好のスタイルと言えます。

このように回転寿司は「受益者側（顧客）」からも「提供者側（お店）」からも成功要因を巧妙に満たしており、それが回転寿司がここまで広く普及した要因と言えます。

ここまで回転寿司の特徴や成功要因を抽出して考えることを試みてみました。

このような要素を概ね《おおむ》（主に顧客側で）満たすものとして、実際にタイでチェーン店になっているのが「回転しゃぶしゃぶ」です。先述の条件は概ね満たしながら、さらに一工夫がしてあります。

しゃぶしゃぶの特徴である「最後は自らが『調理』する」ことを実現させるために各人のテーブル（カウンター）に小さな「鍋」が備え付けられているのです。このように、概ね必要な特徴が満たされている場合には、「アイデアを適用したい商品の方を工夫して、そのアイデアの強みが生かせるように変えてしまう」というのもアナロジー思考の重要なポイントです。

このようなポイントを考慮して、以下の応用問題を考えてみてください。

【応用問題】

・「ポテトチップやスナック菓子」はうまくいきそうか？　いかないとしたらなぜか？　うまくいかせるにはどのようにすればよいか？

・「ケーキ」はうまくいきそうか？　いかないとしたらなぜか？　うまくいかせるにはどのようにすればよいか？（なぜケーキは「バイキング」の形をとるのでしょうか？）

・「ピザ」はうまくいきそうか？　いかないとしたらなぜか？　うまくいかせるにはどのようにすればよいか？
・「おでん」はうまくいきそうか？　いかないとしたらなぜか？　うまくいかせるにはどのようにすればよいか？
・「焼肉」はうまくいきそうか？　いかないとしたらなぜか？　うまくいかせるにはどのようにすればよいか？

さらに抽象化を進めると、このように「選択肢を小分けにして顧客に提供する」というスタイルが食べ物以外にも（例えば「人」とか）適用できないか、あるいはさらに抽象化して、物理的な世界だけでなく、バーチャルな世界でも何かを「回転させる」ことができないか……と、さらに遠くに飛ばすアイデアも可能になってくるでしょう。

他にも何が「回転」できるか、先述した成功要因を考慮して考えてみましょう。

「関係性の類似」を探そう

アナロジー思考を活用するための抽象化の基本が「関係性の類似」を探すことだと前述しました。この「関係性の類似」とはどういうことでしょうか。まずはその「基本動作」を演習でつかんでいくことにしましょう。

まずは「基本の基本」からです。それは「比例する」ということです。もともとアナロジーという言葉の語源は「アナログ」と同じです。アナログとデジタルの違いは、デジタルがすべてを「0と1」あるいは（電気信号の）「オンとオフ」という「白か黒か」の二値化をするのに対して、アナログというのはすべてを元の程度を灰色の程度に変換させてとらえるところにあります。

要はありのままをそのまま「比例させて」変換するのです。「比例」というのも関係性の基本です。「AがBに変化する」とそれと同じように「CがDに変化する」というのが比例です。この関係がまさにアナロジーの「基本動作」なのです。

この「比例」のイメージをつかむための例題をいくつかやってみましょう。

【演習問題】

①兄：弟＝姉：（　）
②日本：東京＝ロシア：（　）
③犬：哺乳類＝マグロ：（　）
④ネズミ：ネコ＝ハブ：（　）

【解説】

多くの解答はほとんどの人がすぐに思いついたでしょう。①は「妹」で②が「モスクワ」です。ここで着目すべきは、私たちが無意識のうちにこれらの言葉の「関係性」を意識して、同様の関係を持つものを（　）内の答えとして想起することです。

つまり①であれば「同性の兄弟関係」、②であれば後者が前者の「首都」（最大の都市でも）という「関係性」です。さらに③は後者（解答は「魚類」）が前者を一般化したものという関係であり、④は後者（解答は「マングース」）が前者の「天敵」という関係です。

これらは「関係性」というものを非常に単純化したもので、しかも二者の間のみということで基本形とも言えるものですが、複雑な関係性＝構造というのも、つきつめればこのような単純な関係性の組み合わせからなっているものと言えます。

このような「関係性」から見れば、様々なものに類似性が見えてくるということで、このような関係性の類似を探しあてることがアナロジー思考において重要なことです。

例えば、「すべて自分でやってしまう上司」と「自分で何も考えない指示待ち部下」との間の関係性は、両者がお互いと因果関係になっている点で「鶏と卵」という関係性の類似が当てはまります。

このような関係性の基本パターンの他の例としては、二者間で言えば、「包含関係」「Ｗｉｎ－Ｗｉｎ」「本末転倒」「不可逆変化」「大局」といったものがあげられます。

「構造的類似」を探そう

前節で解説したのは二つの言葉の間の「関係性」でした。これをさらに複雑にして、三つ以上の関係性を組み合わせたものを本書では「構造」と定義します。要は構造も関係性の一種ですが、それが複雑に組み合わさったものです。よくパズル問題や「ＩＱテスト」の問題に使われる以下のような問題は、「構造を読み取る力」を試しています。言い換えれば、ＩＱテストというのはほぼ抽象化能力を測定している試験だとも言えます。

【演習問題】

上の３つの四角形を見てください。
A〜F のうち、この続きとなるのは
どれでしょう？

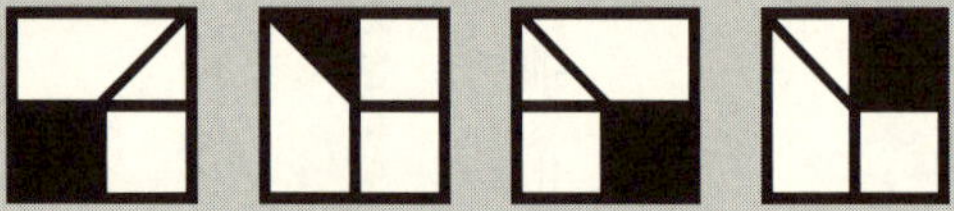

A　B　C　D

E　F

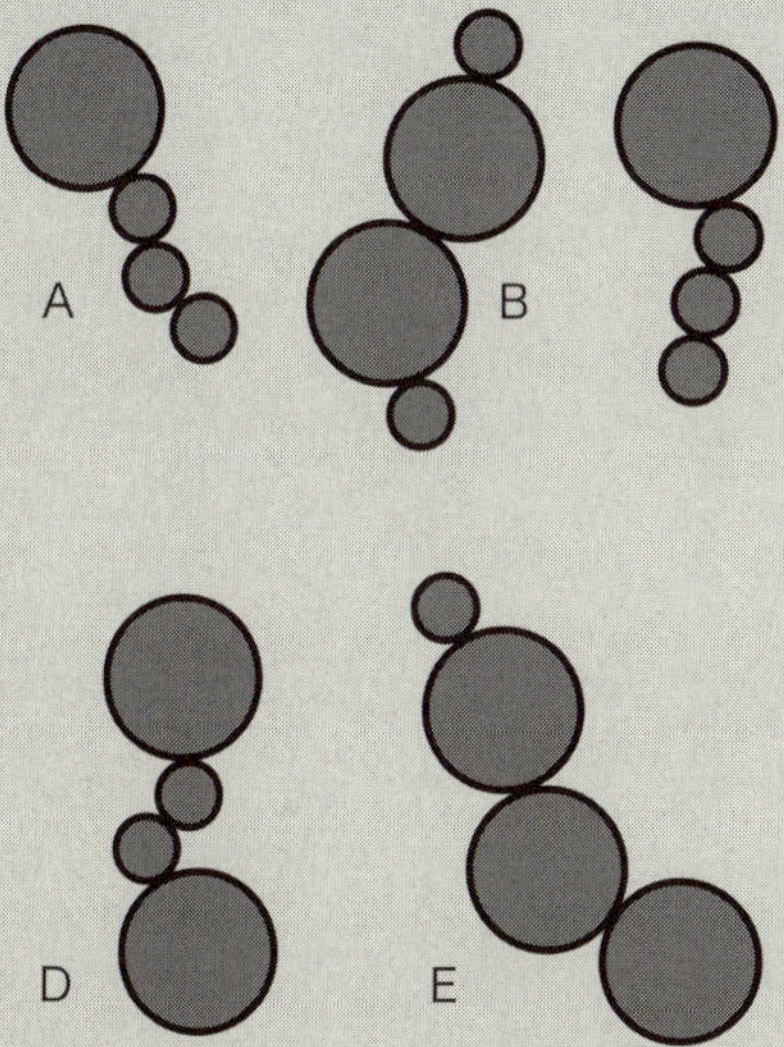

仲間はずれはどれでしょう？

（出典：『MENSA（メンサ）超難問パズルに挑戦！』
フィリップ・カーター、ケン・ラッセル著／青春出版社）

【解説】

まず一つめのパズル問題ですが、上の三つの四角形は右に一ついくたびに時計回りに九〇度ずつ回っています。と同時に、影の部分（黒い部分）も一つずつ隣に、時計回りで移動しています。この法則をもとに、一番右の四角形を「時計回りに九〇度回し、さらに影の部分を一つ隣に時計回りで移動させた」ものをA〜Fの中から探すと、Cがそれに当てはまります。したがって答えはCです。

二つ目のパズルでは、BとD、AとEは、大小の円をそれぞれ小と大に変えれば一致します。一方、Cだけは円の大小を変えても一致するものがありません。したがって、仲間はずれはCです。

このような問題で問われているのは、「関係性のパターン認識」であることがおわかりでしょう。中でも難しいのはその関係性が複雑になっている問題であり、そのようにある程度複雑な関係性が「構造」ということになります。

こうした「直接目に見えない関係性や構造」をパズル問題ではなく、日常生活やビジネスの中で見出して、それをパターン化することで様々な領域に応用させるのがアナロジー思考であると言えます。ここでいう「関係性や構造」というのがメタの視点から眺めることで見えてくるのです。

身の回りの構造を抽象化するトレーニング①

それでは「基本動作」の習得は以上として、私たちの身の回りの日常生活やビジネスでの「関係性」や「構造」の共通点を見つける練習をしていきましょう。

【演習問題】
「信号機」と「特急の停車駅」の共通点は？

なんらかの「関係性」に着目して考えてください。ここで言う「関係性」とは、二者の間の関係性ではなくて、各々の世界におけるなんらかの関係性（例えば信号機なら、信号機と何かの関係性とか）です。

【解説】

もちろん「正解」はいくつもありますが、アナロジー的な回答は「増えることはあっても減ることはない」（増やすのは簡単だが、減らすのはよほどの覚悟でやらなければできない）ことです。

徐々に増えていく一方だが、簡単に減ることはないという「構造」（ここでは時系列の関係性）を持ったものは身の回りにたくさんあります。会社のルール、家電の機能、スマホのアプリのアイコンなどもそうですが、このようなものには明らかな規則性が存在しているので、これを知っておけば、仕事の上でも何が起きるかの予測が簡単にできるようになります。

このように「構造のメカニズムを把握することで先を読むことができる」というの

も、アナロジー思考の大きなメリットと言えます。

ここで重要なのは、こうした規則性が見つかったときに、それを単なる現象面でとらえるのではなく、「なぜ」そのような法則が成り立つのかを考えてみることです（ここでもメタ思考のためのＷｈｙ型思考が役立ちます）。

「なぜ増えるのは簡単でも減らすのは難しいか」と考えてみると、これらに共通の特徴が見出せます。便利なものは、「自分のところにもあれば便利」ということでメリットがわかりやすく即効的なので、何の抵抗もなく「自然に」増えていくのですが、減らすというのは多少の「勇気」が必要です。「もし何かあったらどうしよう？」という心理は、なくすことによる効率化に比べるとはるかに大きいのです。したがって、よほどの勇気を出して覚悟を決めない限りは多くのものは増えていく一方になります。

また、何かを減らそうとするのは「現状以上を望む」という人間心理からも非常に難しいことがわかります。このような結果として、多少不要になっても残ったままで増える一方になるものが身の回りにあふれていくことになるのです。

このようなアナロジーを考えることで、例えば「職場におけるルールやチェックリストはなぜ増えることはあっても減ることはないのか」というメカニズムを考えることができ、対策を考える際の参考にすることもできるのです。

【応用問題】

身の回りで、「徐々に増えていく一方でなかなか減らない」ものを探してみましょう。

身の回りの構造を抽象化するトレーニング②

このような構造の抽象化を、今度はビジネスのアイデアにつながりそうなもので考えてみます。

【演習問題】
「ポイントカード」と「パスワード」の共通点は?

これも一つ前の問題と同様、「知らない間に増えていって管理ができなくなる」ことが共通点としてあげられますが、さらに「この二つならでは」の、つまり先の問題にあげたものには当てはまらない特徴はなんでしょうか。

【解説】
身の回りの構造を読み解くことの例題の続きです。「ポイントカード」と「パスワード」の類似点は、まず前問と同様「放っておくと増加する」ことです。またこれに加えて、「どれがどれだったか訳がわからなくなる」「肝心なときに取り（思い）出せない」

といったこともあげられます。

さらにこうなる原因を考えてみると、構造的に「よくある」ことであり、またこの二つのアイテムならではの特徴も見えてきます。

その特徴とは、「提供者側視点で、利用者の視点が無視されている」ことです。これらに共通するのは、増やそうとするのは提供者側で、それで徐々に迷惑を被っていくのは利用者側という構図です。「パスワードは他のものと一緒にしないでください」とは設定画面によく書かれていることですが、これは提供者側の視点での発想です。

いまの世の中、誰でもパスワードは銀行や市民サービス、運転免許関連等だけでも五つや六つは持っています。おまけにインターネットやスマートフォンを使っている人であれば、簡単に十以上、下手をすれば三桁に近いパスワードを持っているでしょう。

提供者側の視点から見れば、それぞれに異なるパスワードを設定してもらうのがリスク管理の点からも好ましいのは当然で、その結果ユーザーのためにもなると言われればその通りですが、利用者側からすれば、それでいちいち増やされたのではたまったものではありません。しかもその文字制限もすべてバラバラときています。

ポイントカードも同様です。発行するお店のほうとしては、顧客を囲い込むために実施しているわけですから、なるべく個別のカードを作ってもらいたいというのは当然の心理です。しかし、そこでお店の言うがままにカードを作っていたら、あっという間に「トランプを一セット常に持ち歩いている」状態になりかねないというのは、昨今買い物や食事を多少なりともする人なら容易に想像ができるでしょう。

このように、数が少ないうちは提供者の視点で考えてもなんとかなっているものが、数が増えてくるとユーザー視点がなければ単なる一方的な押し付けになってしまうものは他にも世の中にあふれています。このような現象を背景としてか、最近では「増えすぎたものをまとめて管理する」動きも出てきていますが、ある意味このステップまで「お決まりの既定路線」であることは、ウェブページや情報サイトで起こった動きとまったく一緒です。

自分たちが商品やサービスを開発し、ユーザーに接していく上でこの構図は忘れてはいけない学びのヒントとすることができるでしょう。

【応用問題】

身の回りで、「提供者側の論理で増えていく一方だが、ユーザーにとっては迷惑以外のなにものでもない」ものを探してみましょう。

「○○化」で借りてくる

次の問題は、アナロジーの要素の中で、あるものから抽象化された特徴を、再び具体化する、「下向きの矢印」の基本動作の練習です。

「バイキング料理」というのは、特徴的な業態です。そこでそこから「要するにどういう特徴を持っているのか?」という抽象化とアナロジーによる発想の練習をしてみましょう。

【演習問題】

①バイキング料理とは「要するに」どういう特徴があるのか、その特徴を表現してください。

②このような業態はなぜ成立するのか、利用者（顧客）側にとってのメリットと、提供者（お店）側にとってのメリットをあげてください。

③上記を考慮の上で、他にも「バイキング化」（定額〇〇放題）できるものがないか考えてください。

【解説】

①「要するに」の特徴ですが、

・定額で

・一定制限時間内に

・多様な料理を自由に選択して（質的要素）
・好きなだけ食べられる（量的要素）
ということになるでしょう。

②－1お客にとってのメリットは明白です。
金額を気にせず（いったん払ってしまったら）好きなものを好きなだけ好きなタイミングで食べられるということです。
②－2お店にとってのメリットは、
・配膳係の人が少なくて済む
・需要と供給を同期させることなく「見込み生産」できるので、厨房の負荷を平準化できる
・（そして当然）上記顧客のメリットを満たしているので、集客が期待できる
さらには、
・会計が楽（一定金額で取り扱いやすく、定額なので「事前」にも集金可能）

図20　「バイキング化」できるものを探すための3ステップ

ステップ1	ステップ2	ステップ3
バイキングの特徴は？ … … …	メリット・デメリットは？ お客(利用者)にとって … … お店(提供者)にとって … …	他に使えそうなもの (お店、商品、サービス等) … …

といったことになるでしょう。

③他にも「バイキング化」できないか？

要は「定額（＋一定時間で）〇〇放題」ということですが、まずはあまり「アイデアの筋の良さ」は考えずに手当たり次第に候補をあげていってみましょう（「回転〇〇」の問題でもやったように、アナロジー思考の一つのアプローチ方法は、まずは遠くのものをランダムにあげてみて、その後に抽象化された成功要因と照らし合わせて「筋の良さ」をチェックするというものです）。

・まずは食べ物類（すでに人気のあるケーキやピザに加えて、スナック菓子やカップラーメンなど……）と考えると、ある程度の単価があるもののほうが「食べ放題」のメリットが感じられるために適しています（だからスナック菓子はＮＧ)。
基本的にこれは利用者（顧客）側にとってみると、デメリットがほとんどないので、ほとんどのものは「悪くない」と考えられますが、問題はお店側です。配膳係の手間がもともと多いものや、比較的作るのに時間がかかって、在庫がきくもの（すぐに食べなくてもよいもの……したがって「ラーメン」はＮＧ）は向いています。

ここまでは食べ物でしたが、一般商品であれば「取り放題」もある意味「バイキング化」の応用と言えます。このときには、「ある程度なんらかの制約があって、取り放題とは言っても無限には取れない」というのもバイキング化できるための要因と言ってよいでしょう。バイキングの場合は「人間の胃袋」の制約があるように、取り放題の場合もカゴの大きさを一定にするといった形でその制限をかけるのが、お店側として成立する要件と言えます。

さらにこれを抽象化すると、売値が一定である以上、「取られすぎる」リスクをヘッジするために「お店側のコストに上限がかけられる」というメカニズムが必要であることがわかります。またこのためには、「固定費の割合が大きい」ビジネスがバイキング化に向いていることも見えてきます。

「固定費率が大きい」といえば代表的なのがソフトウェアのビジネスです。そのことも反映して、近年はクラウドベースのシステム（固定費率が大きい）を用いたサブスクリプションサービスと呼ばれる「月額△△円で○○放題」のようなサービスが多数出てきています。音楽の「聞き放題」、書籍の「読み放題」、映像コンテンツの「見放題」、ソフトウェアの「使い放題」のようなサービスがこれに相当します。

再び物理的なサービスにもどると、飛行機の月額乗り放題サービスというのも（エリアは限定されているものの）アメリカでは登場しています。さらに固定費率が大きい「稼働率ビジネス」という点で航空会社と類似するビジネスでは、ホテルで同様のサービスが出てくる可能性があります（もちろん使えるのは稼働率が低い閑散期に限るといった制限は必要です）。

さらに「○○化」してみる

続いて考えるのは、身の回りのどこからアイデアを持ってくればいいのかということです。ここまでは、「○○と掛けて××と解く」といった形で、借りてくる先が与えられた状態でそれらの共通点をいかに探すかということでした。

ここでは、借りてくる先を日常生活の中で探してみましょう。基本的にアナロジー発想の源となるのは何の世界でも構わないのですが、一般的には以下のような特徴を持った世界から持ってくるのがわかりやすいと言えます。

・「尖《とが》っている」世界（特徴が明確で他にないもの）
・「進んでいる」世界
・「誰にもわかりやすい」身近な（でも仕事等、対象となる世界には遠い）世界（特に難しいものの「たとえ」として用いる場合）

・アイデアを出したい領域の抽象度の高い要求事項を満たしている世界

このような条件を満たすものとしてわかりやすいのは、ヒットしている特徴的な商品やサービス、あるいは「売れっ子」つまり人気のスポーツ選手や芸能人などです。

【応用問題】

①身の回りで、「〇〇化」ができるものを探してください。

・特徴がある（ヒット）商品
・特徴がある会社やスポーツチームなど
・特徴がある人（芸能人、スポーツ選手、身の回りの人など）
・特徴がある業態（先の「バイキング」のように、右の「固有名詞」をまとめて一般化したものでも可）
……

②それらの「特徴」は何かを抽出してみてください。

図21　「折り曲げて」みると成功と失敗は紙一重

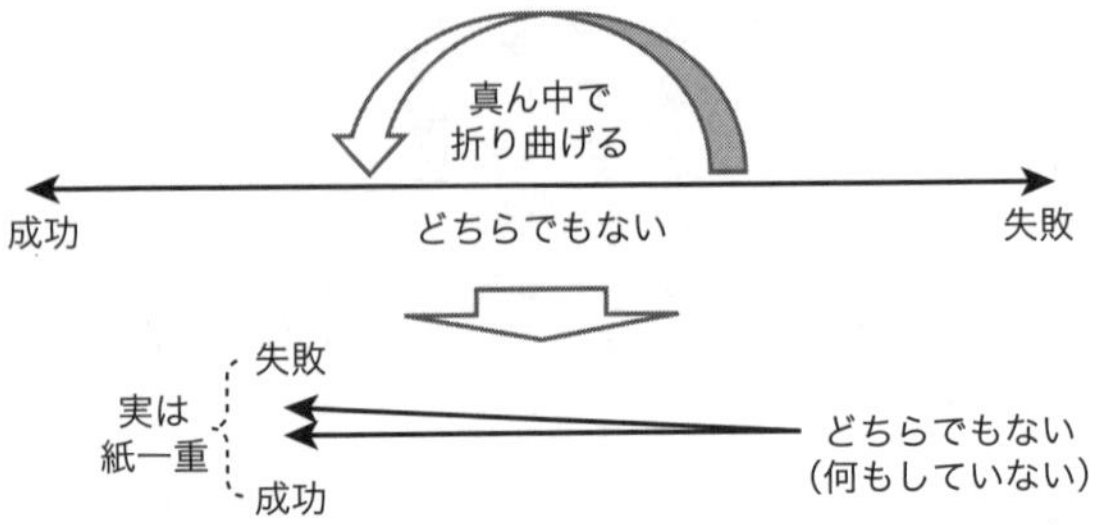

折り曲げの法則

人間の長所は往々にして短所になり、短所は往々にして長所になります。例えば、「慎重」は「優柔不断」、「決めるのが速い」は「思慮が足りない」、「人付き合いがうまい」は「八方美人」、「自分の意思を貫く」は「協調性がない」といった具合です。

上の図21のように、ある意味で「両極は実は紙一重である」という構図は様々な場面で見られます。

成功と失敗は正反対と思われがちですが、折り曲げてみれば「同じ」で、対極は「何もしていない」になります。同様に、「不満が多い人」と「アイデアマン」というのも「折り曲げて」みると、「現状に満足していない」という点で「同じ」になります。対極が「現状に満足している」ですから、意外に「幸せそうな人」はアイデアマンにもなりにくいことがわかるでしょう。「現状への不満」を前向きにするか後ろ向きにするかで、実は一八〇度違う結果になるのです。

他にも、世の中を「折り曲げて見る」ことで、「対極だと思っていたことが実は紙一重」というふうに価値観が一変することは様々に考えられます。

【応用問題】

他にも「折り曲げの法則」が当てはまるものがないか、考えてみましょう。

（「両極端は実は同じ」というものは他にもないでしょうか？）

パッケージツアーと自由旅行の違いからのアナロジー

旅行には大きくパッケージツアーと自由旅行があり、前項で述べたように各々の特徴は長所にもなれば短所にもなりえます。一般に自由度が高いほうがより旅行を楽しめそうな気もしますが、実は自由旅行というのは一見自由であるように見えながら、自分の思考の枠を超えることが難しいので、結局「好きなところにばかり行く」ことになってしまいがちです。

逆に、一見自由度が低そうなパッケージツアーですが、自分で計画していたら絶対に行かなかったようなところにも「有無を言わさず組み込まれる」ことで、新たな発見につながることがあるという点では、思考の自由度を広げてくれることもあります。つまり、こうした両極をうまく使いこなすことで、自分の思考や行動の範囲を広げていくことができます。

図22　「自由選択」と「セットメニュー」の比較

	自由選択	セットメニュー
決定するのは…	自分	他人
選択の自由度	高い	低い
選ぶ対象は…	知っているものだけ	知らないものも含む
不要なもの	ほとんどない	ある可能性あり
「はずれ」の有無	はずれなし	はずれあり
「大当たり」の有無	大当たりなし	大当たりあり
必然か偶然か	必然	偶然
新たな発見の有無	新たな発見なし	新たな発見あり

このように、「自分で自由に選べるもの」と「他人からセットで与えられるもの」の関係というのは様々な分野に応用が可能です。

例えばレストランで言えば、「定食」や「セットメニュー」というのがこれに相当します。仕事でも、例えば研修のメニュー等についてもこのような選択肢ができます。

両方のメリットとデメリットは図22に示した通りです。これらの強みや弱みを生かすようにすれば、「自由選択」が当たり前だと思っていたものを「定食型」にしてみるとか、あるいは逆のパターンも考えられますので、様々な分野に活用してみてはいかがでしょうか。

あるいは、ちょうどこれらの中間をとって、「半定食型」というパターンもあります。ツアーでいうオプショナルツアーのようなもの（メインは決まっていて追加ができる）もありますが、セットメニュー型でもデフォルト（基本パターン）が決まっているわけではなく、オードブル、メイン（魚料理か肉料理か）、デザート、飲み物と選択肢が用意されていて自由に組み合わせを選べるというものもあり得ます。

製造業で言えば、個別受注生産と見込み生産の違いなどもこれに近いものがあります。ＰＣなどのように個別のパーツを選択してカスタマイズができる「半受注生産型」があるというのもまさにこのパターンです。

【応用問題】

①身の回りのもので、このように「自由選択型」のものと「セット型」のものを探して、そのメリットやデメリットを改めて確認してみましょう。

②次に、それらを逆のパターンにできないか、そうするとどんなメリットがあり得るか、デメリットを打ち消すにはどうすればよいか考えてください。

③同様に、それらを「半セット型」にできないか考えてみてください。

生物から借りてくる

アナロジーというのは、基本的に「借りてくる」わけですから、借りる先のほうがいろいろな意味で進んでいる世界であることが考えられます。ただしこれはすべての点でどちらかが進んでいる必要はなく、ある側面において進んでいることさえあれば、なんでも借りる対象にはなり得ます。

ここでは「生物の世界から借りてくる」ことを考えてみましょう。

生物の世界からアイデアを拝借するという考え方は、一つの領域として確立されており、「バイオミミクリー」とか「バイオミメティクス」といった言葉で呼ばれています。

有名な例として、新幹線の「顔」の形の参考にされたカワセミのくちばしの形（餌を

図23　ハエ捕り草

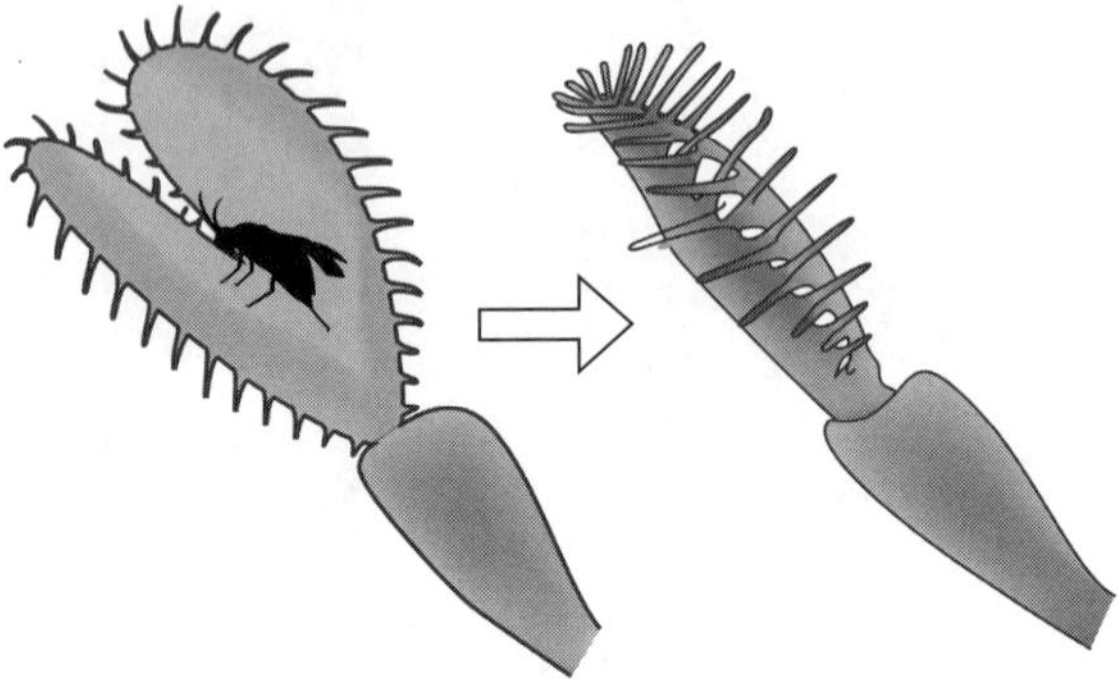

取るために空中から水面に飛び込むときにほとんど水面に波を起こさないことを利用）や、同様に空気抵抗を最小にするように新幹線のパンタグラフに応用されたフクロウの飛行中の羽の形状、あるいはマジックテープに応用されたオナモミ（草むらなどでセーターに付着する植物）といったものがあげられます。

植物や動物と違って発達した知能を持っているために、一見進んでいるように見える人間の世界ですが、実は何万年もの時代を生き抜いてきた植物や動物には、学ぶべきことが無限に潜んでいると言えます。

たとえば「ハエ捕り草」は、自らしかけた「罠《わな》」の中にハエが入ったことを検知するのに特別な方法を使っています。

ハエ捕り草にとって、「罠を閉じる」ことは（植物であるが故に）多大なエネルギーを消費する動作であり、万一ハエが入っていないのに「誤作動」してしまった場合には大きなダメージをこうむります。

そこで、これを防ぐために以下のような「ロジック」を使ってハエを間違いなく検知しようとするのです。

ハエが罠にかかったことを検知するのは特別な「センサー」のような細い糸状のものが罠の中にあり、そこにハエが触れることでハエが罠にかかったと検知するわけです。

ここからがポイントなのですが、このハエ捕り草、（誤作動が許されないために）一度だけ「センサー」が感知しただけでは罠が閉じることはなく、一度センサーが作動して、一定時間（例えば二十秒とか）以内に「もう一度」作動した段階で初めて罠が閉じるようになっています。

【演習問題】

このハエ捕り草の生態から学べること、他の分野に応用可能なことはどういうポイントでしょうか？

（ここでも重要なのは、この事象をどのように抽象化して、ここからの教訓を一般化できるかです。「要するにこれはどういうことを意味しているのか？」を考えた上で、他への活用方法を考えてみてください）

【解説】

このハエ捕り草の生態を「要するに……」と抽出してみると、

・一度だけで反応するのではなく、二回の刺激があった場合のみ反応する

・しかもそれが一定の、短い時間内にあった場合に限る

ことです。

ここで重要なのは、ハエ捕り草が「どういう特徴を持った」植物だからこういう生態が必要だったかという、（回転寿司のときにやったように）このような性質が適するための特徴の抽出です。それは、

・非常に重要でありながら、「誤作動」が許されない
・しかも慎重すぎては大事な機会を逸《いっ》してしまうような機能を有していることです。

したがって、このような機能をうまく作動させるためのロジックとして前述の二要素を満たすことを、アイデアとして用いることができます。

このような動作が有効となるような後半の二つの条件を持ったものとして、例えば火災報知器の作動のような、セキュリティに関するものがあげられます。

他にも様々な製品やサービスでの「警告」の発信や、ロック機能の起動などがこのような条件にあてはまりそうです。

重要なのは、このように動物や植物の変わった生態を見たり聞いたりしたときに、そ

れを抽象化したレベルで「これは結局どういうことか？」を考え、さらにそれを様々な場面に応用できないかと考えることなのです。

「順番」や「流れ」を借りてくる

アナロジーで用いる「構造的類似性」の代表例として「順番」があります。物事を個別事象でとらえるのではなく、大きな流れでとらえると、そこにある種の「共通パターン」が見えてきます。

多くのビジネスパーソンが日本史や世界史に学ぶ一つの理由がここにあります。

戦国時代や幕末など、変化が激しい時代において起こった「大きな流れ」は様々な場面で共通点があります。例えば時代の変革期には、「成りあがりの破壊的イノベーター」が出現して、「身分の隔てなく人材を登用して」変革を成し遂げたのちに、「仕組みを作り上げる」のがうまい管理・調整型のリーダーが平穏な時代を作っていく、といった流れです。

演劇や映画などのシナリオや小説のストーリー展開でも、個別の事象だけでなく、「大きな流れ」に着目してみると、そこにパターンが見えてきたり、その展開ならではの効果などが見えてきます。

もはや「古典」となったピーター・フォーク演じる主役で有名な『刑事コロンボ』には、他のミステリーと決定的に違うことがあります。ストーリーの「内容」という観点でみれば、他のミステリーが「犯人（とその動機）探し」であるのに対して、コロンボは「犯人との心理戦」であるという違いなのですが、これを「流れ」という観点でとらえると、まずは「殺人」のシーンから始まる（つまりはじめに犯人がわかる）という大きな特徴があります。

これと同じ構成を取っているので有名なのが『古畑任三郎』です。犯人との心理戦という内容や主役のキャラといった内容面での類似もさることながら、「話の順番」を同様にしていることで、『古畑任三郎』はある点で他のミステリーと一線を画しています。「ある点」が何かわかるでしょうか？

それは他のミステリーでは絶対にできない「超大物スター」を、毎回単独で配役することができるということです。『古畑任三郎』には毎回「超」のつく大物が犯人役で登場します。ところがこのような配役は他のミステリーでは絶対にできないのです。なぜかは明白でしょう。「犯人探し」が最大の興味であるはずのミステリーで見る前から犯人がわかってしまうからです。

刑事コロンボでも何人もの「大物」を犯人役で登場させています。このように、「順番」というのは、他の特徴ともセットとなってストーリー展開で重要な役割を占めます。

基本的なストーリーの構成という点で斬新なアプローチをとることで話題となり、映画化もされた小説が『イニシエーション・ラブ』です。これ以上は「ネタバレ」になるので書けませんが、このように「構成」レベルでの新しい流れを見つけたら、別のものの「順番」や「構成」に応用してみようというのがまさにアナロジー発想です。

このように大きな流れをつかむ上で便利なのが「図解」です。意外に一つ一つの事象

図24 「紅白歌合戦」の流れを図解化

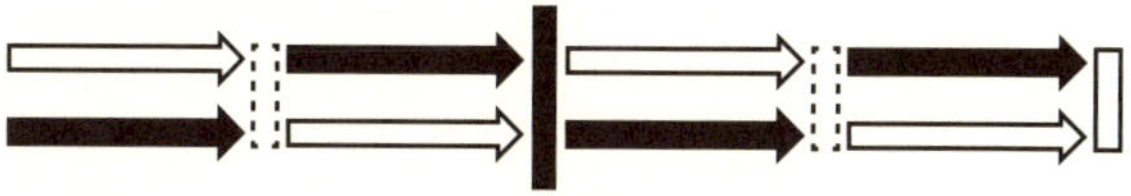

にとらわれていると大きな流れをつかむことが難しいので、シンプルに図解してみると（これがまさにメタの視点でとらえた抽象化ということです）、抽象度の高い大きな流れをつかむことが可能になります。

例えば「NHK紅白歌合戦」の大きな流れを「ざっくりと」図解してみると概ね図24のようになります（各々の白黒の矢印や四角が何を表しているかは皆さんで考えてみてください）。

ポイントは、「一定間隔で途中に入るイベントのタイミングで、二つのチームの順序（先攻と後攻）が入れ替わる」ということです。「二つの」というのはさらに抽象化すれば「複数の」と発展できるので、チームの数が三つ以上でも応用可能です。

このようにすることのメリットは、「先攻後攻の有利不利を平準化できる」ことや「単調になりがちなプログラムに刺激を与えることができる」といったことです。そう考えると、「サッカーの前後半」というのも、アナロジー発想的に抽象化すれば紅白歌合戦と「同じもの」であると言えます。

例えば映画を見たり小説を読んだり、あるいはゲームをしたあとに、このような「大きな流れ」を改めてシンプルに考えてみて、それを「別のものに使えないか」と考えてみるのもアナロジーのトレーニングです。

「別のもの」というのは、例えばビジネスの場面で言えば、イベントや書類の構成、あるいはプレゼンや面接の順序などにも使えるかもしれません。さらに「時系列」の順序を「物理的な順序」に抽象化すれば、「席の並び順」などにも応用できるでしょう。

【応用問題】

・「結婚式」（披露宴）の「大きな流れ」（途中の大きな「イベント」も含む）を図解してみましょう。また、この「大きな流れ」を他で使えないか、あるいは他で用いられている大きな流れを結婚式でも使えないか、考えてみましょう。

「人は鏡」のアナロジー

続く項目は簡単な問題を考えてもらうところから始めたいと思います。

【演習問題】

「年賀状がたくさん来る人」とはどういう人でしょうか？

【解説】

一部の芸能人のように、黙っていてもファンから山のように届く人を除けば、基本的に「たくさん来る人」というのは、「たくさん出している人」とほぼ相関すると考えて間違いないでしょう。

最初のきっかけはどうあれ、「去年来た人へ今年も出す」や「返礼」というのは普通の人が行っていることですから、当然たくさん出すことはたくさん受け取ることに自然につながっていくはずです（最近は紙のハガキではなくメールやＳＮＳで代用する人も多いですが、それらも含めて広い意味で「年賀状」と呼ぶことにします）。

これはある意味で当たり前なので、「年賀状ほとんど来ないんだよなあ……」って嘆いている人がいるとすれば、誰でも「そりゃ出してないからでしょ？」とすぐに気づくことができるはずです。

ところがこの構図、よく考えてみればコミュニケーション全般にもまったく同じように当てはまるはずなのに、それに気がついていない人が多いようです。職場で言えば、

・「部下が『ほうれんそう』をしない」と嘆いている上司
・「オレ（私）は聞いていない」と憤《いきどお》っている管理職

というのは、身の回りに一人や二人はいるのではないかと思います。

この「年賀状の法則」を、アナロジーでさらに他のものにも展開できないか考えてみましょう。

【演習問題】

職場や身の回りで、「年賀状の法則」が当てはまっている事象がないか考えてください。

・コミュニケーションギャップに関して

・「上司―部下」「先生―生徒」「親―子」の関係に関して

【解説】

さて、いかがでしたでしょうか?

改めて考えてみると、コミュニケーションの問題というのはほとんどが(年賀状と同じく)「双方向」的で、問題を作っているのは一方ではないことに気づくでしょう。

・「報告が来ない」のは、報告しても何も(「もっと頑張れ」とか「ちゃんとやれ」以外に)返ってこないから

・「だいたいでいいからすぐに見積もって」と言っても完璧主義の部下がなかなか返事

をしてこないのは、以前に「だいたい」の答えをすぐに出したら、それが一人歩きしてひどい目にあったから

・部下が「自分で考えない」のは、何を意見しても結局上司が一人で決めてしまうから

……

このように、アナロジーによる思考の広がりや学びの大きさというのは果てしないものであることがわかるでしょう。

さらに抽象化して、（年賀状以外でも）「他人の自分への接し方は自分のその人への接し方で決まる」として、さらにはそれが「個人間」だけでなく「世代間」でも同様のことが起きると広げて考えてみれば、「頼りない草食の若者世代」を作っているのは、他ならないそのことを嘆いている年配者世代であることにも気づくはずです。

この例は抽象化やアナロジーの考え方が日常のあらゆるところに使えることを端的に示したものではないでしょうか。

【応用問題】
この他にも、自分が他人にしていることが自分にも最終的に跳ね返ってくることがないか、考えてみましょう。

「職業なぞかけ」でアナロジー思考を鍛える

先に解説した通り、「謎かけ」のプロセスはアナロジーと同様「一見異なるものの共通点を見つける」ことでした。なぞかけの場合、大抵の場合は「同音異義語」を探すことが多いですが、アナロジーの場合は抽象化された共通点でした。

ここでは、一見異なるものの間に抽象化された共通点を探すことを「謎かけ」にたとえてやってみたいと思います。対象は「職業」です。一見異なる職業の間にも抽象化されたレベルで類似のものはたくさんあります。これらを知ることで、仕事の問題解決策を考えたり、自分の適性を考えたりする上での発想を広げることができます。

いくつか簡単な演習問題をやってみましょう。


【演習問題】

「経理業務」と「スポーツ審判」の仕事上の共通点は？

（「経理の仕事と掛けてスポーツ審判と解く。その心は？」という、いわば「職業謎かけ」です）


【解説】

このように共通点を探すときのポイントは、これまでにも述べてきているアナロジー探しのコツと同じで、「その二つには当てはまるが、一般的に他のものには当てはまらないものを探す」ということです。

したがって、「両方とも人間相手の仕事」というのは、他のほとんどの仕事にも当てはまることなのでここでの共通点としてはなじみません。

ここでいう経理業務とスポーツ審判の共通点としてあげられるのは、「間違えなくて当たり前」で、ちゃんとやってもほめられることはほとんどなく、「目立つときは失敗したとき」であって、いざ何かのミスをしたときには徹底的に糾弾《きゅうだん》されることです。

このような「守り」の仕事というのは様々な世界に存在します。例えば製造業の品質管理部門というのも、いわば製品を市場に出すための「門番」のようなものですから、どちらかというと会社でいえば「アクセル」ではなく「ブレーキ」としての役割が大きくなります。

このような「攻め」と「守り」、あるいは「アクセル」と「ブレーキ」という関係はどの世界にもありますから、自分の職業で悩んで行き詰まったときには「職場の同僚」に相談するだけでなく、「遠く」でありながらも「類似性の高い」職業の人の話のほうが役に立つこともあるでしょう。そもそも職場の同僚が解決できることは日常的に解決しているはずなので、「行き詰まっている」状態のときには解決策は自分と遠い世界にあることのほうが多いのです。

このような構図は他にもあります。少し練習問題としてやってみましょう。

「役者、アナウンサー、通訳の共通点は？」

これらの共通点は、「誰かの作った『台本』があること」です。

「台本」というのは抽象化したレベルを意味しているのはおわかりでしょう。

役者の場合は文字通りの台本ですが、アナウンサーであればそれは原稿に相当します。これらの職業は、まったく自由に自分の好き勝手な内容を「演じられる」わけではありません。むしろ個性の出し方はその「演じ方」のほうにあります。

これをさらに抽象化すれば、「通訳」にもそれが当てはまります。広い意味で通訳といっても、リアルタイム性の違いで「翻訳」→「逐次通訳」→「同時通訳」とバリエーションはありますが、広義でいう「台本」が存在しているという点では、前の二つの職業と類似性があります。
　このような職業における構図をさらに抽象化すると、「コンテンツ型」と「プロセス型」とに分類することができます。ここでいうコンテンツ型とは内容、つまり台本そのものを書く側で、プロセス型とはそれを演じる側です（わかりやすい他の例は作詞・作曲家と歌手の関係です）。コンテンツの対象がＷｈａｔだとすれば、プロセスの対象はＨｏｗという関係とも言えます。

　このように抽象化された切り口で見ていくと、一見異なる職業も実は類似性があることがわかります。

・「組織の側面が大きいか、個人の側面が大きいか」
　例えば、後者に属するのは「士業」のような専門職、医師、コンサルタント、美容師などで、これらの職業において「顧客」は「組織」に仕事を依頼しているような場合でも実際は担当の個人との結びつきが強いために、個人が所属する組織や団体、店舗が変わっても、その個人に紐付いて顧客も移動するという特徴があります。そのため、このような組織のマネジメントには前者の職業の組織とは異なる要素が求められます（例えば、個々の自己主張が強く、役職の上下で管理することが難しいなど）。

・「舞台を用意する側と、そこで演じる側」
コンサートの主催者と歌手のような関係が典型的ですが、イベント主催者とそのゲストと考えればさらに一般化できます。一般に派手に露出して注目を浴びるのは後者ですが、浮き沈みが激しく実は生き残りが難しい世界です。「一見地味ながら、着実に儲けている」のは前者であることが多いのも、これらの関係性での共通の特徴です。

【応用問題】
「プロセス型」と「コンテンツ型」の職業を、様々な領域で抽出してみましょう。

第四章　ビジネスアナロジーのトレーニング

ここまではアナロジーを身近なもので考える事例をあげて解説してきました。このようなアナロジーの効果は、もちろんビジネスの世界でも限りなく活用が可能です。

先述の通り、ビジネスにアナロジーを使うメリットは、

・新しい商品やアイデアを生み出す
・トレンドをいち早くつかみ、それを展開する

といった形で、新しいアイデアを創造し、将来の予測ができることです。特に将来の予測におけるアナロジーの有効性は心に留めておくべきことでしょう。

本章では改めてアナロジーをビジネスに用いる上でのポイントを整理した上で、様々な場面でアナロジーを活用するための演習問題を解いていくことで、実践のイメージをつかんでもらいたいと思います。

新聞と百科事典の共通点は？

ビジネスアナロジーの第一問はこの問題で行きましょう。

【演習問題】

「新聞」と「百科事典」の共通点は?

【解説】

両方とも「紙が電子に取って代わられようとしている」というのももちろん「正解」ですが、ここではそれに伴って起こっている事象をさらに一般化して、「有料が当たり前だったものが無料になりつつある」（新聞記事はインターネット記事で、百科事典もWikipediaを代表とするネット情報で代替されつつある）という共通点を見出しましょう。

一般化のレベルに関しては、「なるべくその二つならではの共通点を探す」という前述のポイントと、「一般化によって汎用性が上がって他への適用範囲も広がる」というもう一つのポイントが相反するので、適正レベルの抽象度を選択するのはなかなか難しいものです。絶対的な物差しがあるわけではないのですが、ここではビジネスに固有の課題をなるべく広く解決しようということで、上記の抽象度の共通点としました。

これによって何がわかるでしょうか？

【応用問題1】

・他にもこれらのように、「有料が当たり前→無料化」という流れのものがないか考えてください。

・次に今後同じように「有料→無料」になっていくものとして考えられるものは何か、考えてください。

・そのような可能性があるものはどういう特徴を持ったものか、また「有料→無料」に伴って起こる事象が新聞や百科事典で起こったことから予測ができないか、考えてください。

【応用問題2】
「ミネラルウォーター」と「テレビ番組」の共通点は？
（先の演習問題と関連があります）

さらに応用問題です。

【応用問題3】
・「NHK」と「ケーブルテレビ」との共通点は？
（テレビやラジオが無料で視聴できるのは、広告モデルを採用しているからです。逆にこれらは非広告モデルで受信料や視聴料を月次で支払うモデルです）
・他にも、広告モデルと利用料モデルが混在している商品やサービスはないでしょうか？

コピー機とエレベーターの共通点は？

続いてこの問題はいかがでしょうか？
ヒントは、時系列で見た売り上げのパターンです。

【演習問題】
「コピー機」と「エレベーター」の共通点は？

【解説】
これらは、「本体を安く提供してその後の消耗品やメンテナンスで収益を上げるビジネスモデルであり、「替え刃モデル」とか「エサで釣るモデル」（The bait and hook model）などと呼ばれる収益の上げ方のパターンです。髭剃《ひげそ》りで有名なジレット社が、「髭剃りの本体を安く売って替え刃で儲ける」という戦略をとったことからこの名がついています。

このモデルはどのようなメリットやデメリットあるいはリスクがあり、このモデルを成立させるためにはどのような要件を満たす必要があるのか、そして新たにこのようなモデルを用いることができる別の商品やサービスがないかを考えてみましょう。

【演習問題】

・このモデルの成功要因は何でしょうか？（どういう性質を持った商品やサービスがこの売り方になじむか）

・それを考える上で、なぜ「自動車とガソリン」との間ではこのモデルが成立しないのかを考えてみてください。

【解説】

「コピー機」や「エレベーター」を具体事例として考えながら、どういう特徴を持った製品がこのモデルになじむのかを考えてみましょう。

まず当然のことながら、このモデルを利用するためには、「売り切り型」の商品では不可能だということはすぐにわかります。一度「本体」に相当するものを購入したのちに、繰り返し（できれば定期的に）「追加の購入」が発生するものが必要です。コピー機のようなものであれば、「消耗品」（トナー）がそれに相当しますし、エレベーターのような機器であれば、スペアーパーツのような消耗品に加えて、「メンテナンス」という人的なサービスも定期的に発生します。

二番目の問いにある「自動車とガソリン」も同様の条件を満たしていますが、これは「替え刃モデル」と呼ぶことはできません。ガソリンはどこでも「ほとんど同じもの」が買える（買えないとまずい）ものの最たるものですから、価格競争が激しいため、替え刃モデルで必須の「消耗品で利益を稼ぐ」モデルとはむしろ真逆のものです。

ここでこれらの違いを考えてみれば、このモデルの重要な成立要件が見えてきます。それは、「本体」と「消耗品」の間に特殊な関係が存在し、特定の消耗品でなければ使えない（つまり顧客に他の選択肢がない）ことです。

これが「高く売れる」（つまり価格の高値維持）の源泉になっています。メンテナンスについても同様です。これは技術や運転のノウハウというものがメーカー毎に蓄積されているので、他社への代替が行われにくいのです。

このように、「顧客にとって他の選択肢がない」状況をいかに作れるかが（提供者側から見た）成功要因となります。

これは経営の世界でいう「スイッチングコストが高い」という状況を意味します。外からの参入障壁を高くして、顧客の「心変わり」を防ごうという戦略です。参入障壁となりうるのは、特別な仕様を持った（他のものは使えない）インターフェースであることや、エレベーターの場合にはノウハウの蓄積のような知的な参入障壁という考え方もあります。

スイッチングコストとして、消耗品や付属品のインターフェースを特殊なものにしてしまうことは、他の商品やサービスにも十分適用が可能な作戦と言えるでしょう。
また、これらの業界の動きを見ると、扱う商品やサービスは異なっていても、このような収益モデルを取るが故の共通の動きが出てくることがあります。例えば、本体自体を取り扱わずに「その後のビジネス」（消耗品やメンテナンス）のみに特化したサードパーティの会社が登場してくることです。収益モデルを考えれば、「『おいしいところだけ』に参入することができれば高利益が挙げられるだろう」と考える会社が出てくるのは当然の結果と言えます。

これに対して、「本家」の方はいかにして消耗品やメンテナンスの特殊性を上げて参入障壁を築くか、という共通の課題に直面します。

したがって、新たにこのような収益モデルを考えている製品やサービスの提供者は、先に進んでいる業界の知見をアナロジーで先取りすることで、先手を打った作戦を考えることが可能になるのです。

【応用問題】

・他にもこのような「替え刃モデル」がすでに適用されている商品やサービス、今後可能性のある商品やサービスはないか考えてみましょう。
・従来の商品やサービスが先述の「必要要件」を満たしていない場合に、商品側のほうを買えることによって替え刃モデル型にできないか考えてみましょう。
（参考になるのは、ミネラルウォーター→ウォーターサーバー、インスタントコーヒー→コーヒーマシンという商品の変化です）

タクシーと土産物屋の共通点は？

料金体系や売り上げパターンの後は、別の切り口でのアナロジーを考えてみましょう。

【演習問題】

「タクシー」と「土産物屋」の共通点は?

(ヒントは、「顧客構成」です)

【解説】

アナロジー思考に必要な観点の一つである「構造」を読み解く上での重要な着眼点は、なんらかの「構成比」です。構成比というのは、構成要素の間の「関係性」を示すものですから、これが類似しているものを探すことはアナロジー思考にもつながっていきます。

タクシーと土産物屋の共通点は、「一見《いちげん》さんが圧倒的多数を占める」ことです。

一度乗ったことのあるタクシーに再度乗ることや、一度入った観光地の土産物屋さんを再び訪れることというのは、ほとんどないと言ってもよいでしょう。

そうなると当然、このようなビジネスの成功要因はサービスや製品の品質を上げてリピーターを増やすよりも、いかに一見さんをつかまえるかということになります。そのようなビジネスの成功要因は何かと再び考えてみれば、「立地」（タクシーで言えばどこの乗り場で待つかや流しのときのルート）や「派手な宣伝」があげられるでしょう。あるいは、「新規顧客が中心に思えるビジネスだからこそ、リピーターを作ることに意味がある」というのが、実はうまくやっている人たちの成功要因ということも考えられます。

逆にリピーターが多いビジネスでは、下手に派手な宣伝などして顧客の期待値を上げてしまうことは、満足度を下げることでリピーターを減らす可能性が大きいので、なるべく期待値を下げるという戦略のほうが機能します。

このように、新規／既存の顧客構成比に着目すれば、まったく違う業界や商品から学ぶことも大きいと言えます。

【応用問題】

・次は逆に「常連さん」が大部分の商売をなるべく多くの世界から列挙し、それらに共通する成功要因を考えてみましょう。

・特に先の「ほとんどが一見さん」という顧客構成のビジネスと比べて、どのような成功要因の違いがあるかについて考えてみましょう。

リモコンとデジカメの共通点は？

【演習問題】

「（テレビなどの）リモコン」と「デジカメ」の共通点は何でしょう？

【解説】

大抵の家庭には、テレビやＨＤＤレコーダー用に複数のリモコンが置かれていることでしょう。ここで着目するリモコンの特徴は、「ボタンが多すぎる割に使わないものがたくさんある」ことです。これは前章で解説した「増えていく一方」の別の例とも言えます。その点でデジカメの画素数も「増えていく一方」であるものの一例と言えますが、ここではさらに別の共通点にも着目してみましょう。

リモコンのボタンもデジカメの画素数も初期においては、「多いほど歓迎される」状態があったことでしょう。電子機器のような複雑な機能を持った製品一般に言えることですが、はじめのうちは機能の追加がユーザーに利便性の向上という形で手放しに歓迎されます。しかし、ある時点からその歓迎度合いが飽和し、その点を超えてむしろ「使

図25　「使わない機能」が増えていく構図

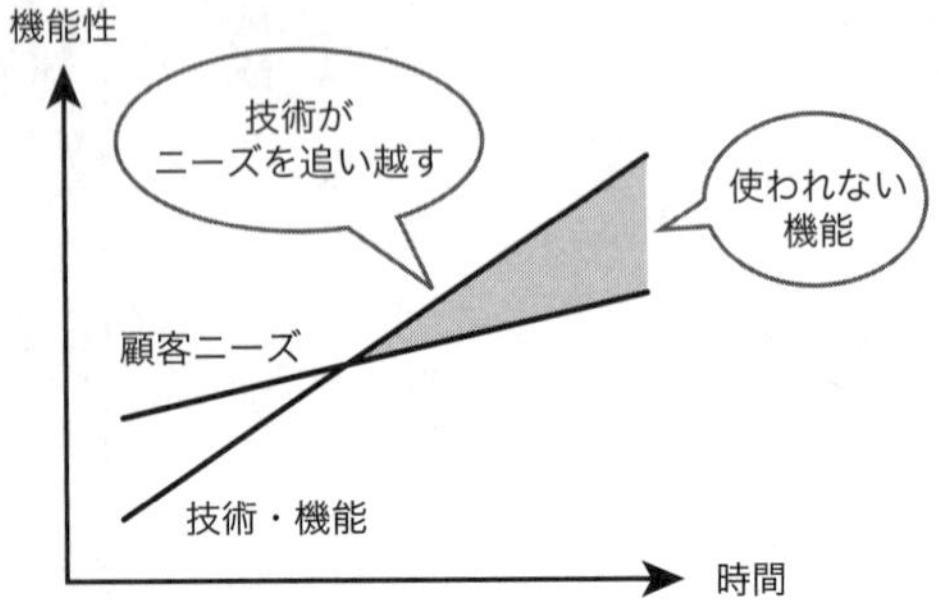

わない機能が増えていく一方」になってしまうという構図、これは携帯電話でも私たちが経験してきたことです。

技術の進化において、ほとんどの製品がこのような経過をたどっていきます。その根本にあるのは図25にあるような構図です。

技術者というのは、技術の黎明《れいめい》期において機能の増強によってユーザーを満足させた成功体験が強いあまりに、機能がニーズを追い越してしまった後も、「技術でユーザーを驚かせよう」という発想からなかなか抜けられません。

これはほぼすべての製品・サービスや業界で起こっていますが、一つの世界しか経験していない人はなかなかこの構図に気づくことができないのです。いわゆる「職人のこだわり」というのもこれに近いものがあります。

その「こだわり」はユーザーの満足度には関係ないばかりか、言われなければ（言われても）素人にはわからない程度の違いでしかなくなっていくのです。その領域に入った「職人芸」の対象はユーザーや顧客ではなく、「競合の目」や「自己満足」をより重視するようになっていきます。

ところが実際には、製品やサービスの成功要因は途中から技術レベルではなく、「ユーザーの使い勝手」に移っていっています。にもかかわらず、上記の「成功体験」や「こだわり」によって必要以上にコストをかけた「高品質」に向かって突っ走ってしまうことが往々にしてあるのです。

これは対外的な商品やサービスのみならず、社内の資料やプレゼンテーションへの執《しつ》拗《よう》なこだわりにも通ずるものがあります。「役員向け」だからといって、資料の枝葉末節にこだわって必要以上に時間をかけすぎてしまうのも同じ症状と言えます。

皆さんの職場や業界にもそのような製品や仕事がないでしょうか？

【応用問題】

同様に、「ある時点から機能を増やすことにユーザーにとっての意味がなくなっていくもの」が他にもないでしょうか?

「常識を打破する」ためのアナロジー

【演習問題】
「水」と「安全」の共通点は何でしょう?

【解説】

数十年前の日本には、「水と安全はタダ」という当然のように使われている言葉がありました。ところが、有料のミネラルウォーターが普及し、「水はタダ」という常識はもろくも崩れ去りました。また同様に「安全がタダ」という常識も（残念ながら）簡単に崩れて、ホームセキュリティやサイバーセキュリティのサービスなどは一つの産業といってもよい規模になっています。

この二つの「商品」は私たちに様々なことを考えさせてくれます。一つは、皆が当たり前だと思っている「常識」というのは、簡単に常識でなくなるということ。後から振り返ってみれば「なぜそんなことが常識だったんだろう？」と不思議に思うほどです。

二つ目は、そのように常識が破れる一つのパターンとして、特定の地域や業界などの限られた世界で特殊だと思われていることに、このようなことが起こりやすいということです。「水はタダ」という事例が典型的にこのことを示しています。

例えば五十年前にヨーロッパの飲料会社の人が日本にマーケットリサーチにやって来

て、「日本の事情通」（あるいは一般の日本人）に日本の水事情についてのヒアリングをしたならば、「日本人は水にお金を払わない」と相手にもされなかったことでしょう。「業界の常識」についても同様です。イノベーションのためのアイデア創出のために「常識を打破せよ」とはあまりに言い古された言葉なのですが、これが現実に難しい理由の一つは、このような「事情通」によって「常識の打破」が潰されていくことなのです。

ビル・ゲイツは、「自分が出したアイデアを少なくとも一回は人に笑われるようでなければ、独創的な発想をしているとは言えない」という言葉を残していますが、「常識の打破」とは簡単に言えば「人に笑われる」ことであることを、これら二つの事例が教えてくれます。

このことは先述のように「専門家」との対話で起こり得ます。特に「現地」や「現場」の専門家の発言にこのことが起こりがちです。なぜなら、そのような専門家（例えば特定地域の）というのは、その世界の「特殊性」に精通していることが存在意義でもあるからです。「この国じゃそれは通用しない」とか「現場ではそういうやり方はしない」といった「特殊性の主張」はある意味正しいのですが、それが簡単に崩れ去る可能性があることのアナロジーを、これらの事例は強力に裏付けています。

同様の事例は他にもたくさんありますが、その一つの見つけ方は、大抵このような常識を覆す「破壊的イノベーション」が起こり始めたときに旧来の世界の主流の人たちは「あんなものは〇〇ではない」という否定の仕方をすることです。

中でも品質面での低さや広義での安全性の低さをつくことが多いのは、先述の「リモコンとデジカメ」の例で述べた通りです。「専門家」の視点は素人が考えるより「必要以上に」高くなってしまっているのです。

インターネットに対して「あんなものは通信ではない」、デジカメに対して「あんなものはカメラではない」、電子書籍に対して「あんなものは本ではない」、ソーシャルゲームに対して「あんなものはゲームではない」(これは実際にＬＩＮＥの社内でこのような意見が出たことを前ＬＩＮＥ社長の森川亮氏が著書の中で述べています)……こんな意見がどれだけ出てきたことでしょうか？

【応用問題】

・今は「常識」だと皆が思っていることが常識でなくなっている世界を考えてみましょう（周囲の人に「笑われる」ぐらいのことを考えてみましょう。例えば「週末といえば土日でない」とか、「一日が二十四時間でない」とか）。

・「あんなものは○○でない」といま言われているもの、あるいはそれが崩れつつあるものを探してみましょう（ヒント：UberやAirbnbといったサービスの裏で、どんなことが言われているか想像してみましょう）。

異業界をアナロジーで結びつける

続いては、「アナロジー謎かけ」を製品レベルではなく、業界と業界との間でやってみましょう。実は似ている業界というのは意外に遠くにも見つけられます。

ここでも必要な着眼点は、抽象化された類似点です。

通常「業界」というのは、扱っている製品やサービスが同じ会社の集団を言います。自動車を扱っていれば自動車業界、電気機器を扱っていれば電機業界といった具合です。

大抵のビジネスパーソンは、この「業界」という単位で様々な仕事の常識やルールを覚えていくことが多いでしょう。「この業界では……」といった言葉もよく聞かれます。

ところがこの「業界単位で考える」というのは、ある意味で自らの視野を必要以上に狭めてしまっていることが往々にしてあるというのも先述の通りです。

業界を、扱っている商品やサービスという「非メタ」の視点ではなく、抽象化したメタのレベルで見てみると、まったく違う「業界地図」が見えてきます。抽象化した特徴というのは、「要するに……」というビジネスの成功要因（ここを押さえることが成功の秘訣。例：「リピート顧客を増やすこと」「とにかく最初に市場にサービスを提供し始めること」「顧客からのクレームをいかに速く処理するか」……）といったことで、例えば以下のような視点でその切り口をリストアップすることができます。

顧客特性
・法人顧客中心か個人顧客か（意思決定が論理重視か感情重視か）
・新規顧客（一見さん）中心かリピート顧客中心か（一八六ページ参照）
・有料顧客と無料ユーザーとの比率（スマホアプリ等によくある「フリーミアム」モデルがその代表）

バリューチェーン特性
・どこが差別化ポイントか（R&D、生産、物流、販売等）

商品・サービス特性
・ライフサイクルの長さ

・ライフサイクル中のステージ（黎明期、成長期、成熟期等）

財務特性

・固定費中心か変動費中心か

エコシステム

・階層構造かネットワーク型か

【演習問題】

「SI（システムインテグレーション）業界」と「建築業界」との共通点は何か？

【解説】

これらの業界の重要な共通点は、エコシステム（業界に属する様々な会社の取引関係の集合体）の階層構造にあります。ＳＩ業界の大規模の会社が「ＩＴゼネコン」とも呼ばれるように、直接顧客との主契約をする「元請け」から一次、二次と連なる階層構造が確立され、仕事の分担や会社間の「力関係」も類似しています。

同様に、基本構想から詳細設計、構築に至るまでの「上流から下流へ」という仕事の流れも高い類似性が見られます。まずは一人、あるいは少数の「建築家」（アーキテクト）が基本的な構想を考えて、それを具体化。次第に様々な役割に専門分化されるとともに役割が明確になり、関与する人の人数も数千のオーダーに増えていって最後に「構築物」ができあがる、という流れは物理的な構造物とバーチャルな「構造物」という違いこそあれ、ほとんど同じ流れであり、必要なスキルや成功要因も上流から下流に向けて変化していきます。

元請け業者にとっての成功要因は多数の関係者をたばねて計画通りにスケジュールを

キープし、適切にリスクを管理していくという「プロジェクトマネジメント」である点も類似性が高いと言えます。

同様の階層構造というのは、日本の通信業界や自動車業界にも見られます。最終的に顧客に商品やサービスを提供する顧客接点である「キャリア」や「完成品メーカー」を頂点とするピラミッド構造が暗黙の前提になっているこれらの業界では、通信キャリア＞製品メーカー、完成品メーカー＞半製品メーカー＞部品メーカーという「序列」が力関係として存在し、前者のほうが後者より「偉い」というのは「業界の常識」として存在していました（ほとんどがまだ現在形としても残っています）。

このような「力関係」としての構造を携帯電話の世界で破壊した典型的な事例がiPhone擁するアップル社でした。それまでの、製品仕様はキャリア主導で決定する代わりにある程度「面倒を見る」という力関係をアップルを中心とする外資メーカーは崩し、むしろ一部では製品側が主導権を持つという場面も多く出てくるようになりました。

考えてみれば、ＰＣを代表とする電子機器の業界では、完成品メーカー＞部品メーカーという、いわば「下流のほうが偉い」という暗黙の力関係は先の業界ほど強くありません。むしろ全体のバリューチェーンの中で最も優位性を持つプレイヤー（例えばＣＰＵメーカーやＯＳベンダーのような）であれば、「部品メーカー」のほうが大きな支配力を持つという構図は当たり前に存在します（一般には顧客側が強いというのはどこの世界にも当てはまります）。

このようなアナロジーを使うと、今後自動車業界にも同様の動きが起こってくる可能性も予想ができます。自動車はもはや「電子機器」になりつつあります。これは単に電子制御の割合が増えているという「中身」の話だけではなく、電気自動車においては、その業界構造も一部では電子機器の業界に近づいています。

さらには自動運転の世界を睨《にら》めば、業界構造もクラウドコンピューティングにおけるサービスのようなＩＣＴ業界に近い構造になっていくことも考えられます。

このように、業界のアナロジーを考えることで、将来起こっていく業界構造の変化も既存の他業界で起こったことから類推ができるのです。

【応用問題】

今後ドローンの数が増えていくと、ドローン同士や人間との衝突、落下事故など、様々な危険が飛躍的に増えていくことが考えられます。このような将来の課題に対して、「自動車」や「飛行機」がいかに対応してきたのかを参考に、どのようなことが起こりうるのかをいくつかのシナリオで考えてみましょう。

「オンデマンドマッチング」の次の可能性は？

タクシー業界を世界中で置き換えつつある、破壊的イノベーションとしての配車サービスのUber（ウーバー）は、アナロジーの観点からも大変興味深い存在です。これを単なる「新しいタクシーサービス」だと考えていては、このサービスのすごさの片鱗も見ていないことになります。
Uberはいま世界中で起こっている「オンデマンドマッチングサービス」のほんの氷山の一角でしかないのです。「オンデマンドマッチングサービス」というのは、

・スマホなどの簡単なアプリを使って、ほぼリアルタイムで
・必要なときに（街中でいつでも、あるいは自宅でいつでも必要なときに（オンデマンド）、
・必要性を感じている人（やもの）と、そのサービスを提供できる近隣にいるサービス提供者をマッチングする

……サービスのことで、クラウドベースのＩＣＴの浸透やスマホアプリの普及によって急速に様々な領域に広がりつつあります。

このレベルで抽象化して考えれば、このサービス形態には無限の可能性が秘められていることがわかります。要は「街中や自宅で◯◯したい（◯◯に困った）ときに、オンデマンドで近くのサービス提供者をアプリで簡単に呼び出せる」サービスだということ

です。

現にすでに提供されているサービスだけでも

・買い物（近所のスーパーで、こちらが提示した買い物リストを基に買い物をして自宅に届けてくれる）

・配送（送りたいものと送り先を写真に撮ってアップロードすると、それを取りに来て配送してくれる）

・犬の散歩

・ヒッチハイク（事前にどこどこに何日に行くと登録しておくと、同乗したい人とマッチングされる）

他にも、清掃、マッサージ、ヘアカットなど、およそ考えうるありとあらゆるものがオンデマンドマッチングサービスで提供されつつあります。

現にUber社自身も、UberFRESH（食べ物のオンデマンド配送）、UberRider（車の同乗者のマッチング）、UberBoat（水上タクシーのマッチング）、UberPuppy（子犬のオンデマンド宅配）といった形でまさにこのアナロジー発想を日々実践していて（一部実験プロジェクトも含む）、様々なサービスにこのモデルを展開しています。数年もすれば、このオンデマンドマッチングによってありとあらゆるサービスが適用可能になっていくことになるでしょう。

【応用問題】

・他にオンデマンドマッチングできる可能性があるものはないか？
（街中で困ったときに「お助けマン」が現れてくれると考えましょう。最近街中で困ったことは何だったでしょうか？　携帯のバッテリーが切れた？　車が故障した？）

・さらにこれを抽象化して、マッチングの相手を人でなく「モノ」にしたらどんな応用が考えられるでしょうか？
（すでに存在するものとしては、駐車場やトイレのような、近くで利用したいもののうち、「動的に利用状況が変わるもの」がアプリとなって提供されています）

「一品予約化」の次の可能性は？

続いては、「進んだ世界」で起こってきているトレンドが同様の構造を持つ「遅れた世界」に伝播《でんぱ》していく状況を、アナロジーを用いて予想するトレーニングをしてみましょう。

映画館や航空券など、様々なチケットの予約は、従来の「十把一からげ」の大括りの単位から、個別の座席での予約が可能になってきています。航空券の予約であれば、以前なら旅行代理店経由で、しかも座席は「ビジネス／エコノミークラス」「窓側／通路側」といった大括りの選択肢しかなかったものが、「30D」といった個別の座席単位で選べるようになってきています。新幹線をはじめとした特急電車の座席や映画やコンサートあるいはスポーツの座席でも、同様の動きが起こっています。

【演習問題】

このように「個別予約」が今後可能になる領域は何でしょうか？


【解説】

現状がこのように「大括りで」予約がされているものをピックアップしてみましょう。

例えば、ホテルの部屋、レストランの座席、居酒屋の個室や座席などがこれに相当するでしょう。これらはすべて飛行機や映画館のように予約が個別になっていってもまったく不思議はありませんので、早晩実現していくことになるでしょう。すでにホテルやレストランでは、一部ハイエンドのところでは実現しているかもしれませんが、さらにこれが一般化して、ビジネスホテルやファミリーレストランでもこのようになっていったとしても何ら不思議はありません。

もともとの顧客ニーズとしては個別予約が簡単にできるのであればそれに越したことはなかったわけですが、なぜこれまで実現できなかったかと考えれば、主に提供者側の管理手間やコストが割に合わなかったからと考えるのが自然です。

それがＩＣＴの進展によって容易に実現できるようになった現在、しかも同様の予約システムがすでに出来上がっている状態では、他の世界に応用することはそれほど難しいことではありません。個別予約の世界はますます広がっていくことになるでしょう。

【応用問題】

さらに「一品予約化」が進んでいくものはなんでしょうか？

（「座席」をさらに抽象化して、「空間」や「担当者」への予約という形で抽象化できないか考えてみたらどうなるでしょう？）

「小分け化」の次の可能性は？

このような「予約」の世界に限らず、様々な領域での「細分化」が進んでいます。例えば「場所」という方向に抽象化すると、天気予報の基本単位も空間的な小分け化が進んでいます。またオンラインショップのリコメンデーションというのも、ユーザー毎の個別のカスタマイズという点で、ニーズの小分け化とも言えます。

さらに「時間」の世界に細分化を広げていけば、ＰＣからスマートフォンへのツールの変化によって、個人の仕事や作業の単位も細分化されてきています。デスクトップＰＣ時代には、一度ＰＣの前に座れば最低でも一時間以上は一つの仕事や作業に取り組んでいたものが、ラップトップＰＣの普及によってモバイル化が進むと、よくも悪くも「すきま時間」の有効活用が進むとともに、業務の単位も「三十分単位」へと短くなっていきました。

さらにスマートフォンという常にネットに接続され、立ち上げ時間もほぼゼロになったツールを手にしたあとは、一つの作業単位も数分に縮まってきています。

スマホアプリのEvernote社の創業者であるフィル・リービン氏は、この流れを「スナック化（Snackification）」と呼んでいます。彼はさらに、ウェアラブルコンピュータの進展によって近い将来、その単位が数秒単位に縮まっていくだろうという予想をしています。

もう一つの「スナック化」の側面は、まさに「三度の食事」に対してのスナック（おやつ）のように、頻度が単位時間に反比例して増えていくだろうということです。デスクトップ時代に「数回」だった一日の仕事のまとまりの単位が、ウェアラブルでは「数百回」になっていくだろうというのも彼の予測です。この動きは、おそらく確実に起こっていくことになるでしょう。

背景にあるのは前述のＩＣＴ化です。これまでOne to Oneマーケティングという概念で唱えられてきたことですが、ＩＣＴの飛躍的な発展で、文字通りありとあらゆることが個別にカスタマイズできるようになってきました。顧客のセグメンテーションも小分け化がさらに進み、完全なOne to Oneマーケティングが実現されていくことになると予想できます。

【応用問題】

・この他にも「小分け化」が進んでいるものはないでしょうか?

（お金の小分け化、コンテンツの小分け化などはどうでしょうか?）

・次にさらに「小分け化」が進んでいくものはなんでしょうか?

（ここでも場所や時間の単位を一つずつ見直していって、それが小分けになることのメリットも考えてみましょう。例えば時間のまとまりが今「一時間」が常識のものを短くしてみるとか。例えばスポーツや学校の授業には当てはめられないでしょうか?）

リアルタイムの価格設定

二〇一四年に米CNNが選んだ『世界の夢の旅行先10選』に日本から唯一選出された「あしかがフラワーパーク」は、文字通りの植物園なのですが、一つ変わったことがあります。それは、入園料が「時価」で、日によって変わり、その日の朝に花の見どころ具合にしたがって決定されるということです。

したがって、ホームページの「入園料」は、「ある期間（〇月〇日～〇月〇日）は三百円～千二百円」という形の「幅」で表現されており、その範囲内でどの値になるかは当日決定されます。

このユニークな価格システム、他の世界でも参考にできそうです。

【演習問題】

・あしかがフラワーパークの特徴を「要するに」と抽象化すると、どういうことになるか考えてください。
・次にこれを他のものに適用できないか考えてください。

【解説】

あしかがフラワーパークの特徴は大きく三つあります。

一つは言うまでもなく、価格が日によって変動すること、二つ目はそれが日毎に決定することであり、最後の三つ目は、それが「顧客にとっての価値」によって決定されることです。

他にこれがどのように用いられるかですが、最初の二つの特徴である「フレキシブルな値付け」に関しては、およそ価格が固定的に設定されているものであれば何にでも適用できる可能性があります。実際、ホテルや航空運賃は毎日部屋毎、フライト毎に変動しています。

ここで重要なのが三番目のポイントです。

それは、変動する値段は「顧客に提供する価値によって変動している」という顧客視点がベースになっていることです。ここがホテルや飛行機の値付けと大きく違います。ホテルや飛行機の値付けは基本的に混雑時は高くなり、閑散時は安くなるという価格体系で、これはいわば「稼働率をなるべく高くキープしたい」という提供者側の論理によるところが大きく、時期によって顧客にとっての部屋の価値や移動の価値が大きく変わるわけではありません。

あしかがフラワーパークの一番の特徴は、この点を完全に顧客視点でとらえているところにあります。ここがアナロジーでも着目ポイントと言えるでしょう。

はじめに「値付けをフレキシブルにできる」とリストアップしたものの中で、このように顧客視点での値付けが可能なものを考えてみれば、新しい視点が出てくるに違いありません。

さらに抽象度を上げれば、「価格にかかわらずなんらかのレートを変動させる」という形に一般化できます。そう考えれば、例えば会社の中でも「残業代」のレートを日によって（頼む側からの認識する価値をもとに）決定するなどというアイデアも出てきます（様々な法規や規定などは当然クリアしなければなりませんが）。

この他、先に検討した「可変が常識のものを固定価格にする」というバイキング化の逆パターンで、「固定価格が当然のものを可変にしてしまう」という一般化をすれば、例えばタクシー料金を交通状況や需要に合わせて変動させるというアイデアも出てきます（すでにUberはサージプライシングという形で、リアルタイムに価格を変動させています）。さらにこれを「顧客価値ベース」で変動させることができれば新しい発想にもつながっていくでしょう。

【応用問題】

このように、「価格のリアルタイム化」がさらに進んでいくものは何が考えられるでしょうか？　すでにホテルや航空券では時々刻々と値段が変わる仕組みができていますが、これは次にどのような世界に展開されていくでしょうか？

（リアルタイムプライシングの「老舗」とも言える夕方の惣菜の「タイムセール」は、さらに「小分け化」ができないでしょうか？）

リープフロッグ型発展のアナロジー

近年の新興国における携帯電話網の発展は著しく、先進国で起こっているように固定電話を置き換えるのではなく、いきなり携帯電話が普及するというパターンが一般的です。

他にも、例えば交通インフラを考えてみると、道路の普及においても、自動車以前に街や交通が確立していた「古都」や中心部のほうが自動車への対応が遅れて道幅が狭い、というのは日本の中でも随所に見られる構図でしょう。逆にアメリカは国が新しい分、街が概ね自動車社会に最適化されており、むしろ「歩くほうが不便」といった状況もよくあります。

どこの街にもある「駅前商店街」は大型化が難しいためにむしろ郊外に大型店が集中するといった形で、「一時代の繁栄」がむしろその次の世代のスタイルに合わずに主役が交代してしまうことがよくあります。

このように、技術やインフラなどが一世代飛び越えて新しいものへと移行する現象を「リープフロッグ型発展」と呼びます。この現象からのアナロジーを考えてみましょう。


【演習問題】

このようなリープフロッグ型の発展の例を、他にも考えてみましょう。

（「一時代前の技術が次世代の技術を妨げる」と考えれば、様々な製品やサービスにも当てはめることができます）


【解説】

例えばATMの普及過程にも同様の現象が見られます。東南アジアの新興国では日本以上にATMが街中に存在していることがあります。日本では、銀行支店網とそれに伴うATMの設置が早くに確立していたこともあってかコンビニへの設置が遅れた側面がありますが、新興国ではいきなりコンビニや駅などに設置するためにむしろＡＴＭの普及が早まっているようにも見えます。

また、ゴンドラによる交通が確立していたベネチアでは街中に車は一切通行することができなくなっています。このように、一世代前にインフラなどが確立してしまうと、むしろそれが「重荷」となって次世代の発展を妨げてしまうこともあるのです（逆に、ドローンによる物流の発達は、「車の便が悪い」場所の方が早いだろうと予想できます）。

さらには「知的資産」にも、このようなことは当てはまります。

ＰＣのキー入力を覚えてしまうと、むしろスマホやタブレット入力に抵抗を示してしまうので、むしろ「スマホネイティブ」の世代のほうが対応が早いというのもそうです。また日本語を覚えた大人は「カタカナ」でふりがなを振らないと外国語を覚えられないのに対して、子供はいきなり「耳で覚えて」しまうというのも似たような構図と言えるでしょう。

さらに、リープフロッグをうまく「上位互換」に置き換えてしまった例が「コンセント」のインフラです。中国やタイなどの新興国のホテルでは大抵のコンセントがどこの国でも対応できる形状になっているのに対して、むしろヨーロッパの先進国や日本のホテルでは相変わらずアダプターがないと使えない専用コンセントが大部分を占めてしまっています。

【応用問題】

このように一世代前の「資産」がむしろ「重荷」になってしまう状況は、人間の知的資産の側面にもないでしょうか？　身の回りの事例を考えてみてください。

（過去の成功体験が新たな試みを阻害し、失敗を招く「成功体験の復讐」もこれに相当します）

リアルタイムの稼働率

ＪＲが山手線の混雑率の予想に関して、時間別、乗車駅別に加えて、車両別というメッシュの細かさで実験を始めました。このような考え方は、顧客の利便性を高めるだけでなく、既存設備の稼働率向上・平準化によって無駄な廃棄を最小限にとどめようというエコの考え方や、様々な世界に浸透しつつある「シェア」の概念とも合致しています。

まだＪＲの「実験」はリアルタイムのデータではなく過去のデータからの予測という形ですが、ＩｏＴが進展し、あらゆるものにセンサーがついていくことで、稼働率を細かいメッシュで把握することは日常生活の様々な場面で浸透していくと考えられます。

【演習問題】
この他にも、「リアルタイムで稼働率を把握する」ことが有効なサービスにつながるものを考えてみましょう。（それは現状のどんな問題を解消できるのか、あるいは現状どんな問題があるからなのかをセットで考えてみましょう）

【解説】

ヒントにある現状の課題ですが、稼働率がリアルタイムにわかることによって稼働率の「偏在」が明らかになります。要は混んでいるところと空《す》いているところの差が明らかになり、そこで空いているところに人が流れることによって混雑が平準化されるというのが、課題が解決されるイメージです。

お盆や正月の高速道路の渋滞予測などもある側面においてこれを狙っているわけですが、従来は予測が数日前であることから、実際の人の動きはこの予測の裏をかくことも予想され（それも計算済みとも言えますが）、現実とは必ずしも一致しないことも多いでしょう。

ＩｏＴが発達していけば、これがリアルタイムにできるようになります。上記の通り、これが解決できるのは、現状「混んでいるところ」と「空いているところ」の差が大きいようなものです。端的に言えば、「大行列ができるときもあるが、空いているときはガラガラのもの」が身の回りにないか考えてみればよいのです。

例えばオフィス街におけるランチの行列、これはお店毎の差もあれば時間毎の差もあります（二〇一六年三月現在、すでにグーグルマップでは、お店毎の混雑時間帯のグラフが表示されるようになってきています）。

あるいは、トイレの個室の大行列というのも特に女性にとっては大きな問題でしょう。デパートやイベント会場など、実際には様々な場所に設置されているのに、どこにあるのか、どこが空いているのかがわからないままに大行列に並ばざるを得ない状況も少しはこれで解消されるのではないでしょうか。

商品在庫も製品毎、店毎にリアルタイムに把握されて、それが一般消費者に見えてくる世界も遠い将来ではないでしょう。「最後の一個」を探してお店からお店へと走り回るという事態もなくなっていくことでしょう（それを楽しんでいる人もいましたから、必ずしも変化を歓迎しない人もいるかもしれませんが)。

このように、アナロジーの発想の源泉は普段の生活での困りごとや不満です。このような不満を持っていると、アナロジーの「アンテナが立ち」、それによって一見関係ないものを観察しているときにひらめきが生まれるというのは、先述のNetflixの事例からも明らかでしょう。

レーティングとリコメンデーション

今ではすっかり当たり前になった、口コミによるレストランなどのレーティングとネット販売におけるリコメンデーションですが、これらもまだまだ他の世界への展開の余地を残しています。

はじめにレーティングのほうから考えてみましょう。


【演習問題】

・今すでに実施されているサービス（レストランやホテル、書籍等）以外にレーティングが展開できそうな商品やサービスはないか？
（右の問題はまだ「アナロジー」というよりは「パクリ」のレベルに近いので、次が本当のアナロジーの領域に入ってきます）
・「顧客が商品やサービスを評価する」という世界の他に、レーティングの仕組みを応用できる領域がないか考えてください。

【解説】

およそ「形あるモノ」や「店舗」については、ほとんどのものがレーティングの対象になっています。したがって、残っている領域でいま徐々に浸透しつつあるのが、サービスを「個人」のレベルにまで分解して「担当者」レベルにまで落としていく動きです。

例えば、一部の国ではタクシー業界を壊滅に近い状態まで追い込んでいるUberでは、レーティングはドライバー個人のレベルになされ、一定以上の評価を継続しない限りは仕事を続けることが難しくなるという仕組みになっています。

このような「オンデマンドマッチング」（先述）によって「知らない個人」からサービスを受ける世界では、個人レベルでのレーティングが重要になります。

もともと個人の色が強かった医者や「士業」のような専門職の世界では、すでに事実上の個人レーティングサイトができつつあります。これが次は例えば「営業担当者」ごとの評価といった「顧客接点」の個人の評価にもつながっていくことになるでしょう。中国では入出国の審査官の対応にその場で四段階の評価ができるようになっています。

さらに、これをアナロジー的に考えてさらに一般化して、「サービス提供者」へのレーティングと考えれば、組織の中の評価システムにも不特定多数の一般社員からのレーティングを用いることも考えられます。

これをもう一レベル一般化して膨らませれば、顧客からサービス提供者という一方的な評価だけでなく、逆に「顧客も評価される」こともあって然《しか》るべきでしょう。「モンスター〇〇」は逆評価によって淘汰され、一方的に顧客優位の評価―被評価という関係が崩れていってもおかしくはありません。

さらに言えば、街中の見知らぬ人同士でも、助けてもらったらその人に「いいね」をつけられる仕組みがあってもよいかもしれません。

現実に一般の個人をレーティングするサイトの「Peeple」というアプリが二〇一五年にリリースされて物議を醸《かも》しました。様々な課題は残るものの、時代の流れは間違いなくその方向に向かっていくことになるでしょう。

メタ思考を鍛えるために

ここまでのトレーニングいかがでしたでしょうか？

「メタのレベルに上がって」普段とは違う景色を見ることができたでしょうか？

あとの問題は、普段の忙しい生活にもどってしまうと、ついつい視点が低く視野が狭くなり、そのことにも気づかなくなっていくことです。日常生活や仕事の中でいかにこの状態から抜け出して、本書のトレーニングモードに入れるかが皆さんの次のチャレンジです。そのためのヒントを三つほどあげておきましょう。

①自分に「突っ込み」を入れる

メタ思考とは「もう一人の自分の視点」を持つことです。そのために、ときに自分自身に「突っ込み」を入れてみることも重要です。他人を批判したくなったり、「ダメ出し」をしたくなったりしたときには、「本当に自分はできているのか？」と自問自答してみることも重要です。メタ思考が強い人は「自虐ネタ」が得意です。これなども「もう一人の視点」の産物と言えます。

逆に気をつけるべき状況は「熱中しているとき」「感情的になっているとき」です。例えば「話しているとき」と「聞いているとき」では、圧倒的に聞いているときのほうがメタ思考になりやすい状況と言えます。「突っ込み」を入れるためにはまずは冷静に対象物を観察し、話を聞く必要があるからです。

「思い入れ」は「思い込み」と紙一重です。要は「折り曲げの法則」で考えると、これらはいずれもメタ思考になりにくい状態と言えます。すべての長所は短所に変わるし、逆も真です。ぜひ様々な思考や行動のモードを意識して、ときに自分を冷静に眺めることもしてみてください。

②性格悪くなる

Ｗｈｙ型思考の原点は「疑ってかかる」ことです。つまり「相手の言うことを容易には信じない」ということです。大抵の場合、これができないのは「性格が良い」「素直な」人たちです。

したがって、Why型の思考回路を持った人は基本的に他人に合わせることや群れることを好まない「性格が悪い」人が多くて当然なのです。また、普段の会話で「なぜ?」を連発する人は煙たがられ、嫌われる場合がほとんどです(特に日本社会では)。

このように、メタのレベルで物事を見るのはいささかの「覚悟」も必要です。

逆に言えば、いま自分で性格が悪いと思っている人や職場で「浮いている」人はそれをチャンスに変えられますし、逆に「上司やお客様に気に入られる」タイプの人は危機感を持つ必要があるかもしれません。

③共通点探しのために

アナロジー思考の基本は(見た目は違うがメタレベルでの)共通点を探すことです。ところが人間はみな自分自身(の仕事や業界)のことは必要以上に特殊であるという意識になりがちです。「自分は特殊だ病」からの脱却がメタ思考への第一歩です。そもそも自分だけが特殊だと見えている時点で、視点が低いことが明白です。「上空一万メートルから見れば」自分も他人も「区別がつかない」のは明らかでしょう。

さりとて、過度に一般化するとまたアイデアは凡庸になってきます。「あそこで当てはまったからここでも当てはまるだろう」という安易な一般化もまた一方で避けるべきです。「離れていながらも共通で、しかもあまり他のものには当てはまらない共通点」を探すことが重要で、その微妙かつ最適な抽象レベルの選択が重要ですが、これは試行錯誤によって勘所がつかめてくるでしょう。

一つヒントを出すと、パーティなどでの初対面の人との共通点探しに似ています。人は自然に初対面の人に会うと、会話の中から共通点を探しにいきます。そこでの最適な共通点は、「その会場で他のほとんどの人には当てはまらないが、当事者の二人にだけ当てはまる」ものです。

例えば、「毎朝水を飲みます」と言ったところで、「偶然ですね！　私も毎朝水を飲むんですよ」とはならないでしょう。ところがこれが「黒酢」だったらどうでしょう？……おそらく話は盛り上がりますよね？

おわりに

本書執筆中にグーグルのＡＩソフト「アルファ碁（AlphaGo)）」が韓国のトップ棋士、イ・セドル九段を四勝一敗で打ち破るという出来事がありました。この出来事は、ある意味でチェスの名人がコンピュータに敗れるという出来事よりはるかに大きいインパクトを持っていると言えます。

それは、チェスにおいて戦っていたのは「名人のロジック（と記憶力)」と「コンピュータエンジニアのロジック」という「人間同士」でしたが、今回はそれに加えてロジックだけでは「開発者も（囲碁界の人たちも）説明ができない」手をアルファ碁が次々と繰り出してきたということです。

この人類史上の「大事件」はメタ思考に関しても様々なことを考えさせてくれます。まず、「決められたルールや問題」の中での戦いでは人間よりＡＩが優れていることを、もはや「時間の問題」に変えてしまったことを意味しています。つまり、人間が「勝てる」領域は「メタのレベル」の戦いに限定されてきたということです。

囲碁は人間のゲームの中でも最も難易度の高いものの一つと言われていますので、ほぼすべてのボードゲームにおいてその争いに決着がついたことを意味しますが、まだ「（人間にとって面白い）ゲームそのものを作り出す」ことは人間のほうが優位と考えられます。

メタ思考とは、「上から眺める」という点で大局観も意味します。これなども一つの対局の中ではすでにＡＩが身につけてしまっていることも考えられますが、さらに「全五局を見渡した戦い」というのもメタ思考の産物です。

もしアルファ碁の四局目の敗戦が「この辺で一つ負けておいたほうが良いだろう」と「考えた」上でのものだとすれば（四局目で一つだけ負けるというのは、人間の視点から見ても「絶妙の」負け方です……もはや実力に関しては文句のつけようがないと思わせた上で、最後に人間にとっての「逃げ道」も残すという点で）、それはメタの視点がなせるわざです（人間ならそういうことまで考えたでしょう）。

しかもそれが「人類とＡＩのこれまでの歴史や今後の関係性」まで「考慮の上」だとすれば……もはや恐ろしい話になってきます。

まだこれは現時点では冗談で済む話かもしれませんが、将来はそういうことまでＡＩが「配慮」し始めるとしても何の不思議もありません。

昨今、「ＡＩに置き換えられる職業」という議論がよくありますが、将来的に代替不可能な職業は「原理的にはほとんどないだろう」というのが、筆者のぼんやりとした予想です。

もはやＡＩは小説も書ければ作曲もできます（もちろん出来栄えは現時点では人間には敵《かな》いませんが）。ロボットは老人ホームでお年寄りに感情移入させて泣かせることだってできます（果たして人間の何％にそれができるでしょう？）。「創造的なこと」と「感情的なこと」はできないだろうという反対意見もありますが、両方とも人間が考えているほどＡＩには難しいことではないのではないでしょうか。

では「絶対にＡＩには置き換えられない職業は？」と聞かれたら、これは「メタ思考」で考えれば答えが出てきます。一つ目は（第一章の問題にあったように）「構造的にＡＩでできないこと」を考えればよいのです。例えば、「ＡＩに仕事を奪われた人に生身の人間の温もりで慰めるサービス」（もしこれをＡＩが「なりすませる」としたら、もはやそれは人間と同じと言ってしまってよいでしょう）などです。

それからもう一つ、「絶対に仕事がなくならないために必要な能力」も同様に「メタ思考」で考えれば自動的に答えは出てきます。それは「創造力」でも「リーダーシップ」でも「コミュニケーション能力」でもありません（すべて置き換えられない保証はまったくありません）。

絶対に仕事がなくならないために必要なのは「自ら仕事を作り出す」能力です（その「定義」から、この能力を持っていれば絶対に仕事がなくなることはありません）。

そう考えれば、それは今からでも十分に鍛えることができます。そのうちの「知的能力」の大きな部分が本書の「メタ思考」だったことになります。

「なぜ?」で問題を発見する能力は、たとえ会社の中の一雇われ人だったとしても、その中で仕事を作り出す(もちろんなんらかの付加価値があるという前提ですが)ために必要であり、またアナロジー思考は自ら起業したり新規事業を生み出したりするためのアイデア創出に必須の能力です。

万一近い将来、人間が一切働く必要がない時代がやってきたとしても、「上位目的を考えてよりよい手段を考え出す能力」が必要なくなることは考えにくい(というより、少なくともあって困ることはないと考えてよい)ですから、どんな時代がやってこようと、メタ思考は「永遠に不滅」のはずです。

もしかするとその最後の使い道は、「暇つぶしのために自分で仕事を作って自分で実行する」という「仕事づくりゲーム」になるのかもしれませんが……。

細谷　功

二〇一六年四月

PHP
Business Shinsho

細谷　功（ほそや・いさお）
ビジネスコンサルタント。1964年、神奈川県生まれ。東京大学工学部を卒業後、東芝を経てビジネスコンサルティングの世界へ。アーンスト&ヤング、キャップジェミニなどの米仏日系コンサルティング会社を経て、2009年よりクニエのマネージングディレクターとなる。2012年より同社コンサルティングフェローに。コンサルティングの専門領域は、製品開発、営業、マーケティング領域を中心とした戦略策定や業務/IT改革等。近年は問題発見・解決や思考力に関する講演やセミナーを企業や各種団体、大学などに対して国内外で多数実施している。
著書に、『地頭力を鍛える』『アナロジー思考』『問題解決のジレンマ』（いずれも東洋経済新報社）、『「Why型思考」が仕事を変える』（PHPビジネス新書）、『なぜ、あの人と話がかみ合わないのか』（PHP文庫）、『具体と抽象』（dZERO）、訳書に『プロフェッショナル・アドバイザー』（デービッド・マイスターほか著、東洋経済新報社）、『ハスラー』（アリ・カプラン著、亜紀書房）などがある。

PHPビジネス新書 356

メタ思考トレーニング

発想力が飛躍的にアップする34問

2016年6月1日　第1版第1刷発行

著　者　細谷　功
発行者　小林成彦
発行所　株式会社PHP研究所
東京本部　〒135-8137　江東区豊洲5-6-52
ビジネス出版部　☎03-3520-9619(編集)
普及一部　☎03-3520-9630(販売)
京都本部　〒601-8411　京都市南区西九条北ノ内町11
PHP INTERFACE　http://www.php.co.jp/
装　幀　齋藤 稔(株式会社ジーラム)
組　版　朝日メディアインターナショナル株式会社
印刷所　共同印刷株式会社
製本所　東京美術紙工協業組合

ISBN978-4-569-82773-5

「ＰＨＰビジネス新書」発刊にあたって

わからないことがあったら「インターネット」で何でも一発で調べられる時代。本という形でビジネスの知識を提供することに何の意味があるのか……その一つの答えとして「**血の通った実務書**」というコンセプトを提案させていただくのが本シリーズです。

経営知識やスキルといった、誰が語っても同じに思えるものでも、ビジネス界の第一線で活躍する人の語る言葉には、独特の迫力があります。そんな、「**現場を知る人が本音で語る**」知識を、ビジネスのあらゆる分野においてご提供していきたいと思っております。

本シリーズのシンボルマークは、理屈よりも実用性を重んじた古代ローマ人のイメージです。彼らが残した知識のように、本書の内容が永きにわたって皆様のビジネスのお役に立ち続けることを願っております。

二〇〇六年四月

ＰＨＰ研究所